OHSAMA BUNKO

知らずにかけられた呪いの解き方

エスパー・小林

JN080439

三笠書房

はじめに…マイナスの感情が「呪い」に転化する時

筆者は、これまで四十年近く、霊能の仕事を生業《なりわい》としてきた。

霊障を祓《はら》うなど、いわゆる心霊現象にまつわる仕事はもちろん、霊能力を使って依頼者の未来を視《み》ながら人生相談を受けたり、開運アドバイスを行なったりしている。

そして、「特異気功」という独自の気功法を用いて体の治癒の手助けを行なうなど、様々な形で人々の悩みを解決すべく、日々、尽力している。

依頼者は、企業の経営者や医師、弁護士など、いわゆる社会的ステイタスの高い職業に就《つ》いている人たちから、芸能人やフリーランサー、会社員、主婦に至るまで実に様々だ。

最近、パンデミックなどの影響を受けて社会全体に不安感が高まり、「未来を視てほしい」という依頼や、仕事や人間関係にまつわる悩み相談を受ける機会が増大している。そうした中で、

「最近、何かが変だ。歯車が嚙み合わない。ひょっとして何かが憑《つ》いているか、呪いをかけられていないだろうか」

「この頃、どうも調子がよくない。なんとなく後ろに〝気配〟のようなものを感じる。これは誰かの生霊《いきりょう》のせいではないか」

といった声を、少なからず聞くようになった。

「呪い」とか「生霊」とか、この科学技術が全盛の時代に、何を馬鹿なことをと思われる読者もいるだろう。

しかし、社会全体に閉塞《へいそく》感が漂《ただよ》っている中、人々の間で「禍々《まがまが》しいもの」「不吉なもの」を感じるセンサーが高まっているのは、確かなようだ。

電灯などない闇の深い時代には、怨霊《おんりょう》が跳梁跋扈《ちょうりょうばっこ》すると信じられていたし、怨《うら》みを晴らす手段として「丑《うし》の刻参《こくまい》り」などの呪詛《じゅそ》が行なわれていた。

そして、崇徳《すとく》天皇や菅原道真《すがわらのみちざね》など、怨みを抱いて死んでいった人物の祟《たた》りを人々は畏《おそ》れ、「神」として祀《まつ》ることで禍《わざわい》が及ばぬよう鎮魂してきた。このようなケースは全国各地で見られる。

霊能者として、断言しよう。

人の怨み・つらみの念が「呪い」に転化することはある。

そして、

「なんだか、おかしい」

その直感は、たいてい正しい。

ふとした瞬間に覚えた違和感を、決してあなどってはならない。

この本では、筆者がこれまで対処し、解消してきた「呪い」の事例を紹介しつつ、呪いを遠ざけるためのノウハウや、呪いの解除法、緩和法などを紹介していきたい。

本書を読まれることで、読者の運気がますます盛んなものとなり、呪いとは無縁の明るい人生を歩まれることを切に願っている。

エスパー・小林

もくじ

1章 「呪い」とは何か？
――その「違和感」は、たいてい正しい

2章　呪われやすい人、運気に守られる人

――この「ちょっとしたこと」が命運を分ける

3章 近づいてはいけない場所
——なぜ、そこに「怨念と妖気」が渦巻くのか

4章 「呪いの言葉」をかけられないために

——「言霊」はどこまで有効なのか

5章 運気を守る「祓い」のアクション
——ちょっとした呪いは自分で解ける

編集協力　宇都宮ゆう子

1章　「呪い」とは何か？

——その「違和感」は、たいてい正しい

「魔」を呼び寄せる空間がある

本書のテーマである「呪い」の正体とは、何なのか。

いったい、そのマイナスのエネルギーは、何に端《たん》を発するのか。


ごく簡単に言えば、呪いの源の多くは「嫉妬《しっと》」から生じてくる。

嫉妬の渦巻《うずま》く場所は、「呪いの密度」が非常に濃い。

その典型的な例が、職場だろう。

「上に取り入るのがうまいヤツばかりが出世する」

「大して実績も上げていない同期が昇進した」

なんでアイツが……。こんな怨嗟《えんさ》は、よく耳にする話だ。

また、学校も「呪いの密度」が濃い場所の一つである。学業成績、スポーツ、容姿などの優劣、家庭環境――。スクール・カーストという言葉が一時期、よく話題にのぼっていたが、人間関係に「序列」がつきやすい学校は、荒削りな「呪い」がとにかく飛び交う場だ。

さらに学校に「呪い」が発生しやすいのは、立地の問題もある。なぜなら、学校は墓地跡に建てられることも多く、マイナスの感情が増幅されやすいからだ。

〝煽られた情念〟の行き着く先

最近では、インターネット上も「呪いが濃い場所」として挙げられるだろう。匿名《とくめい》で悪意をさらけ出せるSNSの場は、負のエネルギーが渦巻いている。嫉妬の念が倍々ゲームに増殖し、一度《ひとたび》、スケープゴートを見つけるや、容赦《ようしゃ》のない言葉が飛び交う恐ろしい魔窟《まくつ》の様相を呈する。

また、悪意ばかりを増幅して垂《た》れ流すテレビもまた、負の感情を「これでもか」というほど煽《あお》り、社会に「呪い」をかけている。

だから、筆者はネットやテレビの情報からは距離をおいている。特にコロナの話題でもちきりだった時期は、テレビにほとほと嫌気が差し、一切見ないようにしていた。

こうした呪いにプラスして、先祖代々、何百年にもわたってかけられた「呪い」や、土地に染み付いている凄《すさ》まじいまでの「呪い」なども、もちろんある。**人間の行動に干渉する、目に見えないネガティブなものは全て「呪い」**と言っても過言ではないだろう。

これらの「呪い」を断つシンプルな方法は、私がネットやテレビのニュースを遮断《しゃだん》したように、「呪いを発する対象」との関係を断つことだ。転職する、絶交する、その土地を離れるといった具合に、である。

しかし事情によっては、簡単に関係を断つことができないケースもあることだろう。そのような時には、どうすればよいだろうか。

生霊とは「怨嗟のかたまり」

「呪いはプラセボ（偽薬）効果のようなもので、思い込みにすぎない」

と、よく言われる。しかし、**霊能者としての立場から見ると、呪いは実在する。**

マイナスの感情が具現化され、対象者に向かうのが「呪い」なのだから、存在しないわけがない。

たとえば、日本が世界に誇る古典文学『源氏物語』には、この「呪い」の最たる例が出てくる。主人公・光源氏の恋人、六条御息所《ろくじようのみやすどころ》の生霊だ。

六条御息所は、亡くなった先の東宮《とうぐう》（皇太子）の正妃であった貴婦人で、誇り高く貞淑《ていしゆく》な女性だった。しかし、今をときめく若き貴公子・光源氏の猛アタックを受け、恋人関係になる。若き貴公子との逢瀬《おうせ》に御息所は夢中になるが、年上の非の打ち所がない恋人に次第に気づまりを感じた源氏は他の女性に心を移し、御息所の元を訪れるのも間遠《まどお》になる。

自制心強く、貞淑な彼女は、心に渦巻く嫉妬心を懸命に抑えている。しかし、その紅蓮《ぐれん》に燃える嫉妬の焔《ほのお》は、ついに彼女の理性を振り切って生霊となり、源氏の恋人の夕顔や正妻である葵《あおい》の上を取り殺してしまうのだ。

人を「呪い殺す」ほどの強い念が持てる人は、そうはいないだろう。だが、マイナスの感情を向けた相手に何がしかの影響を及ぼさないとは言い切れない。

本当に深い怨みを抱えている人、生来のエネルギーの強い人、そして筆者のように強い霊感、霊能力を持つ人であれば、かなりのダメージを相手に与えることも不可能ではないからだ。あるいは、**密教や修験道《しゅげんどう》の秘儀に通じたプロの呪術師が呪詛を行なえば、ただではすまない**だろう。

学校や会社でのいじめを苦にして、ひきこもってしまっている人たち、あるいは命を絶った人たちの中には、集団になることで増幅した負のエネルギーを心にくらってしまった、という人がいても、不思議ではない。

✪「精神を破壊される」ほどの呪詛はある

もちろん、「何かがおかしい」と感じた時の全てが「呪い」だとは言い切れない。相談を受けていると、

「自分がこの病気になったのは、アイツに呪われたからだ」

などと吐き捨てるように、あるいはおびえながら言う人もいるが、それはちょっと違うだろう。

もし、病気の原因に呪いがあるならば、まず病名がつかないはずで、「原因不明」と宣告されると思う。薬を飲んでも効かないし、病院に通っても悪化の一途《いっと》をたどるはずだ。

そのためか「呪い」をかけられた人の中には、最終的に心療内科の扉をノックする人が少なくないようだ（ちなみに、筆者はある心療内科の顧問を務めており、精神的な病と思って受診したものの、本当のところは「霊障」や「祟り」というケースを実際に知っている）。

この行為は、ある意味正しいといえる。

霊が視える、霊の声が聞こえる、霊が祓える筆者は、見ようによっては精神障害と受け取られるだろう。実際、詐欺《さぎ》だとか妄想だなどと嘲笑《ちょうしょう》する人も少なくない。

駆け出しの頃は、我ながら「自分はおかしいのではないか」と思ったことがあるので、これまで心霊現象などとは無縁に生きてきた人が「呪い」を受けた時に「精神的な病かもしれない」と感じるのは無理もないことだ。

そして、当然だが普通の医師に「視える力」が備わっているわけはないのだから、「呪いを受けている状態」を「精神的な病だ」と診断された人は少なくないと思うのだ。

だからこそ、人の「負の感情」を感知する力が強すぎるために、命を落とさないままでも「精神を破壊された人」はたくさんいると思っている。

危うく命を落としかけた「人柱の怨念」

さて、**筆者の中で最もインパクトが強かった呪いの解除に、「人柱《ひとばしら》」にまつわる除霊**がある。あまりの「呪いの強さ」に命を落としかけたからだ。

このエピソードは以前も別の本で紹介したが、「呪い」の恐ろしさを如実《にょじつ》に伝える実例のため、改めて紹介しよう。

友人の整体師から、ある時、電話口でこんな相談を持ちかけられた。

「今までどおりやっているのに、最近、お客さんがめっきり減ってきたのだけど、なぜだと思う？　何が悪いのだろう。本当に困っているんだけど、どうしたらいい？　開運方法を教えて」

筆者は相談者一人ひとりに合わせた運気アップの方法も伝授しているので、その依頼のつもりだったのだろう。

しかし、彼の声から違和感と、霊的に危ういドロッとした雰囲気を感じたのだ。

霊視をすると、フッとあるビジュアルが視えた。そこで、

「ねえ、最近、年配の女性で変なお客さんを診《み》てない？」

と聞くと、

「実は今、話そうと思った」

と言うのだ。

「ある女性を施術《せじゅつ》すると、その後、必ず体調不良になるんだよ。疲れがとにかく酷《ひど》くて、彼女を施術した後は何にもやる気が起きなくなる。

それどころか、その女性が店に出入りするようになってから、うちの妻も頻繁《ひんぱん》に体調を崩すようになった。二人とも疲れているからか、前は仲がよかったのに今はくだらないことでケンカになるし、その空気をお客さんも感じて、客足が途絶え始めたのかな……」

と。医療や介護関係者、マッサージやエステなどの施術師は人にエネルギーを与え

ているため、体調不良になりやすいものだが、友人は経営が傾き始めただけでなく、家庭内も不和になりつつあると言うのだ。

「その女性、完全に、自分に関わる人の運気を下げる人だわ。このまま診ていると、あなたの運気ももっと悪くなるよ」

と筆者が言うと、

「だからといって、放っておけないんだよ。どうするのがベストだろう」

と懇願された。

そこで、女性の名前を聞いた瞬間、

「これは、祟りだ」

と直感した。

名前を聞いた瞬間、白装束《しろしょうぞく》姿の、手を後ろで縛られた女の人の姿が、バッと脳裏に浮かんだのだ。続いてこの女の人が杭《くい》のようなものに縛り付けられ、埋められるビジョンも視えた。

さらに「呪ってやる!!」と絶叫しているではないか。

「ねえ、その女性はどういう家に住んでいる人？」

と聞いたのだが、友人は知らないという。

霊視していくと、元々、この女性の実家は別の土地にあったが、何年か前に今の場所に引っ越してきた様子が視えた。

また、女性の現在の住まいは大きな川が流れ込む海のそばにあるのだが、そこは大昔には何度、川に橋をかけても、大雨や台風ですぐに流されている土地。

そこで出たのが、**「人柱を立てる」という計画**だったのだ。

この恐ろしい計画の先頭に立ったのが、女性のご先祖で、名字が地名に残るぐらいの大庄屋《しょうや》だったようだ。

しかし、人柱を立てた後、次々に家系が途絶え……。最後に残されたのが女性の一家だったのだが、遠い地で暮らしていたので呪いは届かなかったようなのだ。

ところが、最近になって奇《く》しくも因縁の場所に引っ越してきたために、**呪いが発動**してしまった。

友人に話すと、実はその女性は自身だけでなく、直系である母親や三人の兄弟全員が、原因不明の奇病に悩まされ、働きにも出られない状況だという。

✪「白装束の女」に急所を攻撃され――

私が霊視で視たこの話が女性に伝わり、私は彼女から正式に除霊の依頼を受け、その地にお祓いに行くことになった。

場所は中国地方の海沿いの田舎、時期は八月頃だったと記憶している。

現場に到着すると、真夏にもかかわらず、冷凍室の中のように家の中が寒い。息を吐くと白くなるくらい、だ。これは私に霊感があるからではなく、同行してくれた友人の整体師も「この家、底冷えしますね」とつぶやいていた。

ただ、住んでいる女性一家は「そうかしら？」と、平気そうにしていたのだが――。

その家には、「呪いの主」が完全に巣食っていた。

お祓いを始めようとすると、例の白装束の女の人の霊が、

「お前なんぞ殺してやる!!」

と、襲いかかってきて、筆者は**人生で初めて霊に殺されそうになった**のだ。

その時、心臓の真後ろに、ものすごい「圧」を感じた。「病膏肓《やまいこうこう》に入《い》る」（病気が重くなって治る見込みがなくなる）という慣用句があるが、まさにその膏肓（「膏」は胸の下のほう、「肓」は胸部と腹部の間の薄い膜のこと）を、げんこつでグリグリと押される感じがしたのだ。

「あっ、このままだと本当に殺される――」

サーっと血の気が引くのを感じた。

死を覚悟しつつも、「冷静に対処すれば勝てる」と自分を鼓舞し、ぐーっと自分の念でマイナスの念を押し返した。

すると、しばらくして背中への圧力がスッと消えていった。

白装束姿の女性の気配を探ったところ、消えていた。「人柱の呪い」を解くことには成功したようだった。

なんとか怨霊との死闘を制し、命を落とさずにすんだが、この後、依頼者とどんな会話をしたのか、どうやって家に帰ったのか、記憶がところどころ途切れるくらい疲労困憊《こんぱい》した依頼だった。

駅まで車で送ってもらい、新幹線の席についた瞬間、気絶したように眠りに落ちた。そして、ふと空腹で目が覚め、「名古屋くらいかな、駅弁でも買おう」と、電光掲示板を見ると、小田原を通過していた。四時間近くもこんこんと寝入ってしまったのだ。

この仕事はかなりの負荷がかかり、ガタガタになった体を元に戻すのが大変だった。当時は、今のように知識や経験がなかったこともある。

✪ こんなに怖い「呪いのはね返り」

この時の経験は、その後「呪い」に立ち向かうにあたって、大きな財産となった。

一方で、テレビなどで明らかに能力のない霊能者が除霊をしている様子を見ると、

「命知らずだな」とも思う。また、相手の家族に対しても、**「呪いのはね返り」**がいかないかと、いらぬ心配をしてしまう。

ちなみに、筆者は家族に対しては、この「呪いのはね返り」がいかないよう、徹底的にガードしている。そのため、妻も子どもたちも、一度も怖い経験や金縛《かなしば》り体験をしたことがないそうだ。

筆者が絶えず自身の霊能力を上げる努力を欠かさない理由は、自分が失敗すると家族が全滅してしまう、ということもある。

さて、「人柱の呪い」を解いた後の女性一家だが、すっかり体調も回復し、その後、別の場所に引っ越しをしたそうである。整体師の友人や奥さんも健康を取り戻して経営も回復し、お孫さんもできたとのこと。

ただ、この整体師の友人は三年ほど前、自宅で軽い脳梗塞《のうこうそく》を起こし、倒れてしまった。なんとか意識は取り戻したのだが、体が不自由になり、リハビリ中に海に転落し、去年亡くなった。警察が言うには、「自殺に近い事故」だったという。

お線香をあげに自宅に行った後、亡くなった現場を訪れた。

霊視をしてみると、歩行練習をしていて、海沿いのガードレールにもたれかかって一休みしたところ、バランスを崩して後頭部から海に落ちるビジョンが視えた。

奥さんに、

「完全に事故ですね」

と話すと、「よかった」と泣いていた。「自殺をしたのではないか」と、一人苦しんでいたようだ。

呪いの元を断ち切ったはずだから、祟りの余波で彼が亡くなったとは思えないが、早すぎる死が悔やまれた。

山伏がかけた「狗神憑き」の呪い

もう一つ、印象深かった「呪い」の話を紹介しよう。

それは、筆者がこれまで鑑定した中で、明らかに「異質なもの」だった。**奇妙な呪具《じゅぐ》**を用いたものだったからなのだが、かなりグロテスクな話なので、その手の話が苦手な読者は、この項目を読み飛ばすことをおすすめする。

「狗神憑《いぬがみつ》き」という言葉を聞いたことはないだろうか。

これは、**犬を用いた呪術**だ。

様々なやり方があるようだが、一例を紹介する。

まず犬の頭部のみを出して、生き埋めにする。そして、犬の前に美味しそうな食べ物を置く。

犬の口に、決して食べ物が入らないよう気をつけながら何度か食事を取り替え、犬が今にも餓死しようという時、首を断ち切る。この時、犬の頭部は食べ物に食いつくようにして飛ぶという。この頭部を焼いて骨にし、器に入れて祀りあげる。

すると、犬の霊が永久にこの呪術を行なった者に取り憑き、呪術者の願望を叶えてくれるのだという。何とも禍々しい呪術だ。

平安時代から用いられていたようだが、この「狗神憑き」に近いものを筆者は見たことがある。

封印された「桐の木箱」の中には……

三十年ほど前、ある女性から急な依頼が来た。

依頼人の父親が、原因不明の病で倒れたというのだ。

心筋梗塞のような症状だったので急いで救急車を呼び、病院に搬送してもらったそうなのだが、検査の結果、体には全く異常がない。そこで症状に合わせた投薬を開始したが、全く改善しない。

困り果てた女性は、人づてに筆者のことを聞き、事務所を訪ねて来たのだった。

相談者の父親は、大変な富豪として有名な人物で、週刊誌やテレビ番組にも「噂《うわさ》のお金持ち」として登場するような家の当主だった。

相談の内容は、病の原因、そして今後発生するかもしれない相続についてだった。

そこで、当主の名前を聞き、霊視したところ、決して心臓が悪い人ではなかった。

では何が悪いのかと深く視ていくと、一つの結論に至った。


「この人、呪われてるよ」


筆者がポツリと言うと、相談者の女性の眉間《みけん》にシワが寄り、黙り込んでしまったのだ。

思い当たる節があったようだ。

そこでさらに霊視を続けると、**「呪物《じゅぶつ》」**の匂いがした。視ていくと、そこの家の床の間の天袋《てんぶくろ》が視えた。何か絵が描かれている。

「こういう絵が描かれた天袋がある？」

と聞くと、「ある」という。

この天袋の中に、小さな木箱、二十センチか三十センチぐらいの桐の木箱が一個、置かれているのが視えた。

「この天袋の中に、赤い紐《ひも》が結ばれた小さな桐の木箱がある。その中に茶色っぽい小さい人間の頭のようなものが入っているのが視えるけど、心当たりはありますか？」

と聞くと、相談者の女性は「ない」と言う。

おかしいなと、さらに視ていくと、小さい人間の頭のようなものはサルの首だった。

「サルの首？」

と、依頼者が首をかしげる中、透視を進めていくと、修験者《しゅげんじゃ》のような人物が滝のそばで生きたサルを捕まえ、首を切って、何かを施《ほどこ》している姿が視えた。

視たままを伝えると、依頼者は怪訝《けげん》な顔をしていた。

当然といえば当然だろう。

昔とはいえ、その時、時代はすでに平成だったのだから。

「疑う気持ちはわかるけど、ただこの箱を何とかしないと、お父さん、死んでしまいますよ。とにかく家に帰って、調べてみてください」

と伝えると、娘さんは眉間にシワを寄せ、不信感に満ちた空気を醸《かも》しながら、その場を後にした。

☆これが真正の「呪詛」というもの

その二時間後、娘さんから電話がかかってきた。私が電話口に出るや、泣きそうな声でまくしたてたのだ。

「先生、ありました！　おっしゃったとおりの場所におっしゃったとおりの木箱があって、開けるとミイラのような黒いかたまりが入っていました!!」

それがサルの首だと言うと、絶叫していた。

「狗神憑き」について簡単な説明をし、それのサル版だろうと伝え、

「この木箱をまず天袋から取り出してください。箱の下に円形の鏡を置いて、塩と木炭と何か（何であったか失念した）を入れ、白い風呂敷で包んで封印してください。そして、近くにお寺が視えます。ここに納めてほしいと、お願いしてください」

と指示を出した。

さらに、入院中の父親の枕の中に、水晶かダイヤのような光る石を入れること、枕カバーを父親のラッキーカラーの黄色に替えるよう伝えた。呪いを取り除くだけではなく、父親自身の守りも固めたのだ。

娘さんはすぐ取り掛かると、父親はすぐに快方に向かい、二日も経たずに退院したそうだ。

父親が呪いをかけられた理由は、簡単なものだ。莫大《ばくだい》な資産が狙われたのだ。

依頼主の女性によると、遠縁に当たる人物が父親の所有していた土地を一刻も早く欲しいと呪いをかけたようだ、とのこと。

というのも調べると、父親が亡くなった時には、それらの土地は全て、その人物に行くようにと偽造書類が作成されていたのだそうだ。

土地が欲しいといっても、遠縁だと亡くなっても相続する権利はない。そこで、どうやら霊能系の人間を雇ったようなのだ。

これには、それまで様々な呪いを祓ってきた筆者も心底驚いた。**「狗神憑き」というものは知っていたが、実際の呪いとして発動していたケースに出合うのは初めて**であったし、サルの首を使った呪いなど、聞いたこともなかったからだ。

✪古来、日本の「暗部」には必ず呪術師がいた

その後、民俗学の研究をしていて著書もある知人にこの話をしたところ、

「お前、何でそんなこと知ってるの？」

と言われた。

というのも、この術を使える人は、今はまずいないと言うのだ。

昔、山陰、出雲《いずも》地方で、こうした呪術法が知られていたそうなのだが、伝承者もなく滅んだはずで、マニアックな文献でしか見たことがないという。

筆者が視た映像は、封印の仕方も含め、文献のとおりだったそうだ。

さて、この資産家宅だが、父親は今も元気にしており、その遠縁の人物とは絶縁したようだ。

このケースは、私がこれまで経験してきた中で、一番強かった呪詛。

真正の呪いだ。

ちなみに、「呪具」や「呪物」さえあれば誰でも呪いを完遂できるのかというと、そう簡単なものではない。巷《ちまた》には呪いに関する本が何冊か出ているようだが、「霊能力」という目に見えない力の持ち主でなければ、発動させるのは困難だろう。

そのため、**古来、日本の暗部には必ず「呪術師」の存在があり、重宝されてきた**のだ。

役小角と良源——その超人的呪力とは

さてここで、日本史上で特筆すべき「呪術師」について少し書いてみたい。

前述したとおり、呪術がその効力を発揮するためには、術をかける者に霊能力、霊感が必要だと書いた。

筆者の中で、強い霊感を持っていただろうと考える歴史上の人物は二人いる。

一人は、**空海**。もう一人は、**役小角**《えんのおづぬ》だ。

しかし、空海に関しては呪術師というわけではなかったと思う。彼に「呪術を用いていた」という匂いがしないからだ。

呪いや、霊を祓えるくらいの霊能力を持つ人には、ある特徴がある。

①頭に角《つの》のような盛り上がりがある
②眉間がへこんでいる

しかし、残されている空海の肖像画を見ると、頭が尖《とが》っておらず、眉間がへこんでいない。空海はもちろん強い霊感は持っていただろうが、私の中では、「杖《つえ》を使ってパワースポットを発見することができた人」「密教を日本中に広めて回った人」というイメージだ。

一方で、役小角は間違いなく呪術を用いていたと思うし、霊を祓えたと思う。正真正銘の霊能者だ。彼は名前に「小さい角」という字が入っている。実際の容姿が、そのようだったのだろう。

彼は先天的な霊能者だった。それも、遺伝性の。

役小角は、前鬼《ぜんき》と後鬼《ごき》という夫婦の鬼を従え、弟子にしていたという伝説が残されているなど、鬼にまつわる伝承が実に多い人物だ。ひょっとしたら、彼は「霊能者集団」のようなものを率いていた人物なのかもしれない。

✪「鬼のような容姿」で疫病を祓ったスター呪術師

呪術師というと、平安時代の天台宗の僧侶、**良源**《りょうげん》こそ呪術を使ったまがう方なき霊能者だったと筆者は考えている。

彼は比叡山延暦寺《ひえいざんえんりゃくじ》の「中興の祖」として、そして元三大師《がんざんだいし》、角大師《つのだいし》として、その名を知られている。

関西に行くと、家の戸口に真っ黒な、悪魔のような鬼の御札《おふだ》が貼られていることがある。この鬼は、良源が身を変えた姿だという伝説がある。

良源が七十三歳の頃、都に疫病が流行した。良源はこの疫病を祓うため、弟子に鏡を持ってこさせ禅定《ぜんじょう》（心を静めて一つの対象に向けて瞑想すること）に入った。すると、鏡の中の良源がみるみるうちに頭から角を生やした、骨ばかりの鬼の姿に変貌した。

その姿を弟子の一人が良源の言うとおりに書き写し、版木《はんぎ》に刻み、御札に刷らせた。

良源が加持《かじ》を施したこの御札を戸口に貼った家は、疫病から難を逃れたという。この御札は「角大師護符《ごふ》」と呼ばれ、天台宗では数百年にわたって授与してきた。このコロナ禍では、近年にないほど多くの人が「角大師護符」を買い求めたという。

「鬼のような容姿」に、「疫病を祓う」という能力。間違いなく彼は、呪術師だ。護符も確かに効果があったのではないかと思う。

良源には、このエピソードの以前から「鬼大師」という呼び名もあったという。

✪「六連朧陣」護符と「アブラクサス」のパワー

ちなみに、本書の巻末には、筆者が特別なパワーを注入して製作した**「六連朧陣《ろくれんおぼろじん》」護符**のシールがついている。曖昧模糊《あいまいもこ》として形のはっきりしない霊や邪念などから、「六連の輪」で陣構えして守るという意匠《いしょう》の護符だ。

手帳など、ふだん目にするところに貼っておけば魔除《まよ》けになるのはもちろん、金運と仕事運がつく。ぜひ活用してほしい。

魔除けといえば護符とは少し違うが、筆者は**「アブラクサス」**が彫られたペンダン

筆者が魔除けにしている
アブラクサスのペンダントトップ

トを常に身につけている。

アブラクサスとは、ヘレニズム時代（アレクサンドロス大王の東征《とうせい》〈前三三四年〉から、ローマのエジプト併合〈前三〇年〉まで）にエジプトのアレクサンドリアを中心に信仰されていた最高神で、アレクサンドロス大王も崇《あが》めていたという。

頭は鶏、右手に盾《たて》、左手には鞭《むち》を持ち、両足が蛇の姿で描かれる。この「アブラクサス」は、全ての悪運や不運を祓う万能薬的なモチーフといえるだろう。

陰陽師・安倍晴明の呪力はいかほどのものか？

近年に至るまで、日本には「呪い合う」という行為は実際にあったと思う。

良源ほどのスターではなくても、呪術師と呼ばれる霊能者は大勢いたはずだ。

彼らを見分ける時のポイントは、前述したように頭に角のような盛り上がりがあるかどうか、眉間がへこんでいるかどうか、である。

そういう意味では、「陰陽師《おんみようじ》」として知られる呪術師、安倍晴明《あべのせいめい》にはさほど霊能力の匂いはしない。

彼にまつわる逸話《いつわ》は古典に多く見られるが、それは彼が政界の中枢で活躍していたからだと思う。また、近年もてはやされるのは、小説や映画が大ヒットしたからにすぎない。

私の中で、安倍晴明は坂本龍馬と同様に、時代小説の一スター・キャラクターだ。

そういう意味でも、**呪いを避けるために参拝するのであれば、吉野の金峯山寺《きんぷせんじ》など役小角に縁《ゆかり》のある寺院や、比叡山延暦寺**をおすすめしたい。

「呪術師顔負けの呪い」が発動する時

呪術師とまではいかないが、一般人であっても**霊感のある人は、呪術師顔負けの鋭《するど》い呪いを発する**こともある。

私の知人で、霊感の強い女性がいる。結婚、出産を経て、今ではその能力はほとんど消えてしまったのだが、若い頃はとにかく霊感の強い人だった。

ただし、「視える」だけで「祓う」ことはできなかったので、その能力を持て余しぎみだったのだが。

この女性が若い頃にかけた呪いに、こんなものがある。

当時、彼女はある男性とつきあっていた。

男性の趣味はサッカー。アマチュアでサッカークラブにも入っていて、「デートよりもサッカー」というくらい、サッカー好きだったそうだ。

✪「写真と画鋲」だけで相手に災いが……

さて、知人はこの男性にプロポーズされ大喜びしていたのだが、入籍直前に浮気が発覚し、破談になってしまった。

彼女の怒りは大変なもので、部屋にこもりきり、**男性の写真を壁に貼り付け、写真が目につく度に画鋲《がびょう》でブスブスと刺しまくった**そうなのだ。

「殺してやる、殺してやる。死ね、死ね」と。

すると……。

ほどなくして男性は足に大怪我《けが》を負う交通事故を起こし、その後遺症で大好きなサッカーができない体になったのだそうだ。

恐らく、彼女の呪いが成就《じょうじゅ》したのだろう。

後になって、彼女が、

「もしかして、私のせいかな」

と相談してきたので、

「いやいや、違うでしょ」

と、流しておいた。肯定すれば、彼女が自信を得て、さらなる被害者を生みそうだったからだ。

彼女のようなケースは極めて稀《まれ》だ。霊感がない人がいくら憎んでいる相手の写真に針や画鋲を刺しても、効果はないだろう。

「呪いの作法」を忠実にこなすより重要なこと

さて、このケースでは、**写真が「呪いを媒介《ばいかい》するアイテム」**になったが、やはりアイテムがあるほうが呪いは効きやすいと思う。

名前を書いた人形《ひとがた》や、相手の髪の毛なども有効だ。

こう書くと、真夜中に藁《わら》人形に五寸釘《ごすんくぎ》を打ちつける「丑の刻参り」を思い浮かべる人もいるだろう。伝統的な作法も一般に知られるようになっているようだが、「作法を忠実にこなす」より「霊感」が重要だ。

霊感がないと、いくら呪ってても効かないので、やるだけ無駄だろう。では、霊感がある人に頼もうかと考える人もいるかもしれないが、それは大変なリスクが伴う。

怨みを晴らしたい相手が確実に呪いを受ける保証はないし、「誰かを呪いたいほど憎んでいる」という自分の秘密、つまり「圧倒的な弱み」を、依頼する相手に握《にぎ》られてしまうことになるからだ。

「縁切りの呪術」がてきめんの効力を発揮する時

嫉妬にまつわる呪いといえば、こんなこともあった。

依頼者は、ある業界で有名な人物の奥さんだった。

私のところに相談に来るや、

「夫には、他におつきあいをしている女性がいます。その女性と、どうにかして別れさせたい」

と言うのだ。それまで依頼者も手を尽くしたようなのだが、どうやってもいつの間にか関係が復活しているそうだ。それでも、旦那さんとは、どうしても離婚したくないそうなので、ある方法を試してもらった。

相手の女性の写真を持っているというので、写真の裏に女性の名前を書いてもらい、黒炭《こくたん》とあるものを一緒に黒い袋に入れ、川に流してもらったのだ。

この依頼者には、多少なりとも霊感があるように感じたからだが、しばらくして見事に縁は切れた。というのも、相手の女性に末期癌《がん》が見つかり、ほどなくして亡くなったからだ。


実は、旦那さんのお相手の女性は、依頼者の元友人でもあった。依頼者から旦那さんの活躍ぶりや社会的ステイタスを聞かされているうちに、「私のほうが魅力的なのに」と、対抗心を覚え、正妻の座につきたくなったのだろう。

この三角関係で最初に嫉妬の念を抱き、「呪い」にも似た思いを発し始めたのは、奥さんの元友人だったに違いない。

しかし、どうしたって立場が強いのは正妻だ。

また、依頼者の女性は多少の霊感があった。

そのために、依頼者の元友人が発した「呪い」は、強烈な「呪い返し」となったのだろう。依頼者に伝授した「縁切りの呪術」の効力が、てきめんだったことからもわかる。

もちろん、この元友人は、依頼者とは別の人からも怨みを買っていた可能性がある。何度別れさせられても、しれっと復縁するような女性。そもそも友人の妻の座を奪って、取って代わろうとするくらいの人物なのだから、ただ者ではない。

こういったドロドロした関係を見ていると、「誰かに嫉妬されるような言動は慎《つつし》んだほうが無難だな」と感じさせられる。依頼者が自慢さえしなかったら、とも思うからだ。

「鏡」で邪念をはじく方法

さて、この項目を読んで、「ひょっとしたら自分も、誰かから嫉妬されているかも」と、背筋がうすら寒くなった読者もいるかもしれない。

呪いまではいかない軽い嫉妬をはじくだけなら、霊感がない人でもできる。

たとえば、シンプルだが効果的なのは、**鏡を使う方法**だ。

嫉妬されていると感じる相手のいる方向に鏡を置くだけで、「ネガティブな念」や「邪《よこし》まな気持ち」をはね返してくれるだろう。

また、相手の写真を相手の家の方角に向けて十日間ほど貼り、くしゃくしゃにまるめて燃やし、トイレに流す、という方法も有効だろう。

ちなみに「トイレに流す」とは「川に流す」行為の代わりだ。

写真がないなら、相手の名前を書いた十センチ四方くらいの和紙、あるいは人形《ひとがた》でも代用できる。

四角形でも、人形でも、効力はほぼ同じだ。ただ、コピー用紙よりは和紙、マジックよりは自分で墨《すみ》をすって筆で書くほうが、より効力が増すだろう。

しかし、この方法は、あくまでサプリメント程度のものと心得てほしい。

本当に誰かの嫉妬の念をはじき返したいのであれば、筆者のような人間に「オーダーメイドのやり方」を伝授してもらってほしい。

そのほうが、はるかに効くだろう。

「依存心」が呪いに変わる時

これまで紹介してきたケースと比べると非常にライトだが、**「信じる」という行為が呪いに転じる**こともある。

それは歪《ゆが》んだ関係、**「依存」**という言葉でしばしば言い表わされる。

私のところには、「誰が見ても、絶対に離婚をしたほうがいい」と思われる案件が舞い込んでくる。しかし、当人は、すっかり感覚がマヒしていて、自分のマイナスの状況に気付いていないケースがほとんどだ。

こんな相談を受けたことがある。

ある時、五十代のお子さんのいない既婚女性が事務所を訪ねてきた。

「自分は今、介護が必要な舅《しゅうと》、姑《しゅうとめ》の面倒を見ています。それなのに一年ほど前から夫が家に帰ってこなくなり、給料も入れてくれなくなりました。どうやら浮気相手の女性宅に寝泊まりをしているようです。

現在は、義父母の年金でどうにか生活をしているのですが、このままでいいのか今後が不安で仕方がありません。とにかく、自分の運気をよくしてください」

と切々と訴えるのだ。

「そんなの、運気を上げてどうにかなる問題じゃない。離婚してしまえば全て解決するよ」

と話すのだが、

「私が家庭内のことをしっかりやって、夫の両親を立派に看取《みと》ったら、夫も私のことを見直して帰ってきてくれるかもしれない」

「私にはもう身内もいないし、義理の両親とはいえ、介護が必要な人を見放すわけにはいかない」

「相手の女性に不幸があれば、帰ってきてくれるかもしれない」

などと食い下がるのだ。

このケースでは「身勝手な配偶者の両親の介護を頑張る」という選択肢と、「離婚して自由になる」という選択肢、どちらを取るかとなったら、「離婚して自由になる」ほうがどう考えてもベターだろう。夫に感謝されていて夫婦の間に深い信頼関係があり、相応の事情があるならいざ知らず、である。


この女性の場合は、霊視をしたところ、お姑さんはあと二十年ほど寿命がある様子だった。また、別れた場合のパターンを霊視したところ、女性にはすぐに新しいパートナーが見つかる未来も視えた。そこで、

「お義母さん、今、八十歳らしいけど、百歳まで生きるよ。あと二十年、この生活を続けられるの？　たとえ旦那さんが帰ってきても、今度は旦那さんの介護だよ」

「とにかく離婚したほうがいい。働ける場所はいくらでもあるから、とにかく逃げて。すぐに新しい男性も現われる」

「もう、義理のご両親への恩返しはとっくに終わっているよ。あなたの人生、その男性のために全部使っていいの？」

などと話すと、目からウロコが落ちたようだった。離婚については少し悩んでいるような表情を浮かべていたが、明らかに目に光が戻っていた。

✪義理立てから「人身御供」になってしまう人

この女性は、本人も気づかないうちに、「不遇にもかかわらず健気《けなげ》に介護する自分」という自己像にとらわれ、夫との歪んだ関係に依存しているのだ。このようなケースは、**「自分で自分に呪いをかけている」**ともいえる。

「自分の置かれている状況がおかしい」と違和感を覚えたら、その状況をノートに書き出し、客観的に見てみること。明らかに誰かに運気を吸い取られていると気付いたら、その関係をリセットする勇気を持つことだ。

「私なら大丈夫。私ならできる」と、その状況から逃げない人もたまにいるが、そんな気持ちは起こさないほうが無難だろう。変な正義感や義理立ては必要ない。

特に、**自分のお金と時間の大半を費やす介護がからむ場合、それは人身御供《ひとみごくう》、つま**

り生贄《いけにえ》と同じだと思ってほしい。

お金に余裕のある人は、まだどうにかできるかもしれないが、自分を過信している人には、「ボロボロになるよ、命を取られるよ」と必ず警告している。

にもかかわらず我が道を突き進み、後になって、

「先生の言うとおりになりました。どうしたらいいでしょう」

と再訪する依頼者もいるが、こればかりは当たってもうれしくない。


自分で自分を呪い、不幸な境遇に自分を縛り付けている人は少なくない。そして、この「呪い」を解くと、誰もがホッとした表情をする。

暗い顔色でやって来た人が、明るく強い足取りで帰っていくのを見るのが、筆者の密《ひそ》かな喜びだ。

Column

横溝正史の小説は「実話」だった？

横溝正史《よこみぞせいし》といえば、私立探偵・金田《きんだ》一耕助《いちこうすけ》が主人公の一連の作品が頭をよぎる人が多いだろう。

その呪いと怨念《おんねん》に満ちたストーリー展開は圧巻の一言で、私も大ファンである。そして、読んでいると、「これ、実話だな」と思わされる記述が非常に多くある。

私は横溝のミステリーは、フィクションではなく、ノンフィクションだと思っている。なぜなら、**除霊などで旧家を訪れると、横溝正史の世界に迷い込んだような感覚を覚えることが少なくない**からだ。

戦前、地方の有力者の家は事実上の治外法権で、警察権力がほとんど入ることができなかった。そのため、知られざる凄惨《せいさん》な事件がいくつも起きており、それが呪いや祟りを生み、霊能者である筆者の出番ということになるわけだ。

たとえば、代々続く旧家には、未だに本家、分家にまつわる話が存在する。

除霊がらみで、江戸時代から豪農として続く家のお墓を訪れたことがある。

すると比較的新しいお墓から、〝奇妙な妖気〟が漂っているのを感じた。

つい、

「失礼ですが、ご親族で毒殺されて亡くなった方、いらっしゃいますか？」

と依頼主のほうを見ると、顔がサッと青ざめ、黙り込んでしまった。

ああ、何らかの跡目《あとめ》争いがあったのだなと察知したが、依頼内容とは関係がないのであえて追及はしなかった。


知人に、平安時代から続く東北の旧家の跡継ぎがいる。ただ、知人は養子に入ったため血はつながっていないという。大きな商売をしているのだが、跡を継ぐとなぜか子どもに恵まれないという。たとえ生まれても結婚できず、結婚できても子宝に恵まれず、血が途絶えてしまうのだそうだ。

そこで、使用人を養子にとり、苗字を継いでもらってきたそうなのだが、そのようにしても、血が途絶えてしまうというのだ。

知人は、

「うちは兄と僕、二人兄弟だけど、この年齢（五十代）になっても二人とも子どもがいない。養子をとるような時代でもないし、この家も僕たちまでかなあ」

と話している。


残念ながらこうした家系は、ほとんどが何らかの呪い、祟りを受けている。

そして不思議なのが、「どうしても子どもができない」と、幼い養子をとった直後に自分の子どもが生まれ、そのために跡目争いが起き、その結果、ドロドロのお家騒動が起き、家系も絶えてしまうケースが多いことだ。

これは、明らかに呪いによるものだ。

有名なのが、豊臣秀吉だ。自分に子どもができないからと、後継者として甥《おい》の秀次《ひでつぐ》を養子にもらったが、側室の茶々（淀殿《よどどの》）との間に実子・秀頼《ひでより》が生まれた。その後、愛息の秀頼を後継者とするため、秀次は追放・切腹、一族も大量処刑された。

その後、大坂夏の陣にて豊臣家が滅んでしまったのは、ご存じのとおりだ。

戦国武将たちは、まさに血で血を洗う抗争をくり広げてきたわけで、嫉妬や怨みを受ける量も半端なものではなかっただろう。

まして、農民から一代で天下人にのし上った豊臣秀吉だ。

推《お》して知るべし、である。

2章　呪われやすい人、運気に守られる人

——この「ちょっとしたこと」が命運を分ける

「自信過剰」は呪いを引き寄せる

さて、人間には、**「呪われやすい人」**と**「呪われにくい人」**がいる。

単純に言えば、呪われやすい人とは、人から羨望《せんぼう》のまなざしを注《そそ》がれる立場の人だ。

会社でも学校でもママ友の集まりでも、リーダー的な立場の人、目立つ人は陰で妬《ねた》まれているケースが少なくない。

ただ、こうした人は人望もあり、運気もいいので、嫉妬や怨みなど、相手の負の感情を、たいてい、はね返すことができる。

問題なのは呪われやすい（嫉妬されやすい）にもかかわらず、呪い（ネガティブなエネルギー）をはじくことができない人たちだ。

彼らの特徴は、簡単に言うと「一言多い」こと。

そして**自分の「立ち位置」を勘違いしている**ことだ。いちいちの素振《そぶ》りが癇《かん》に障《さわ》るナンバー2やナンバー3などが、その最たる例だろう。こういう人は知らず知らずのうちに敵をつくってしまう。

自分を過大評価する人は、負の感情を向けられやすく、その結果、トラブルに巻き込まれやすくなるのだ。

〝天狗になっている人〟のエネルギーに人は敏感

「炎上」と呼ばれるトラブルに巻き込まれる人物を思い起こしてみてほしい。そこに共通点を感じないだろうか。学歴や知名度が高く、一見能力があるように見えるが、一部の人にしか支持されていない人ばかりだ。

彼らの中には運気が強く、呪いをはね返す能力が高い人もいる。しかし、それ以上に余計な敵（＝マイナスの念、怨み）を引き寄せてしまう。その結果、奈落の底に落ちていってしまう。言いたい放題、やりたい放題をした結果、反感を買い、落ちぶれていくのだ。

「実は、陰でこんなことをしていた……」なんていう話が漏《も》れ聞こえてきて、「やっぱりね」と感じさせられる――そんな経験が読者にもないだろうか。

芸能界だけを見ても、思い当たる人が多くないだろうか。感心しない話題でワイドショーをにぎわせているような人たちは、誰もが「いずれトラブルに見舞われるだろうな」という匂いが出ている。

彼らには、それなりの名声を得るだけの実力も運の強さもあったのは確かだ。だが、人は〝天狗《てんぐ》になっている人〟のエネルギーに敏感だ。そのエネルギーを感じた時、人は彼らに反感を覚え、一朝事《いっちょうこと》ある時は、彼らの「社会的な命」さえ奪ってしまうこともある、ということだ。

これは、教師、医者、弁護士、代議士など「先生」と呼ばれる立場の人たちでも、全く同じだ。

「私が、私が」と自分の手柄ばかり自慢したり、自分がいかに高い立場にあるかを誇示したりして相手を見下す言動を感じさせる人は、必ず敵を作る。

そして、足をすくわれてしまうのだ。

✪「人当たりがよくて華のある人」は最強

一方、名声を得ても妬みを買わない人にも共通点がある。

それは、**「人当たりがいい」**こと。彼らはたとえ一言多かったとしても、相手が聞きたがる話を惜《お》しみなくしてくれる人なのだ。

また、こうした人たちは概《がい》して**「聞き上手」**だ。そして、自分を前面に押し出す側にも、受け止める側にもなれる**「懐《ふところ》の深さ」**がある。

そういう人が部屋に入ってくると、その瞬間、**「場がぱあっと華やぐ」**のだ。

彼らは、男女を問わず、実際の身長より高く見える。また、年齢よりも若く見えるし、実際よりも美しく見える。要は、**「実物よりよく見える」**人は、マイナスのエネルギーをはじくことができるのだ。

そして、マイナスのエネルギーをはね返すことができる人には、何とも言えない**「清潔感」**が漂っている。

逆に、高級な品物を身につけているのに何だか薄汚く見える人は、要注意だ。

✪「運気のいい人」の名刺のパワー

ちなみに、このような「運気のいい人」の名刺を持っているだけでも自身の運気は上がるものだ。筆者は「この人のツキにあやかりたいな」と感じたら、その人の名刺を必ず財布に入れるようにしている。

そして一番いいのは、ツイている人たちと会って、一緒にご飯を食べたり、お茶を飲んだりすることだ。運気が低迷しているなと感じる時に試してもらうと、不思議に気分も運気も浮上していくのを感じるだろう。

筆者の感覚からすると、一、二万円出して、十万円、二十万円も儲かるようなものだ。**「歩くパワースポット」にあやかっているような感じ**ともいえるだろう。

「精気を吸い取る人」に近づくな

「呪われやすい人」の特徴にはもう一つ、「自分の運気の違和感に気づかない」ことも挙げられる。

これまでの著書で何度も言及しているが、つきあう人の運気を吸い、運気を下げる人（サゲマン）は確かに存在する。

そして、「呪われやすい人」は、こうした「自分の運気を吸い取る人」にいいようにされてしまっている。

だが、**自分自身の運気を上げていくと、不思議なくらいこうした「サゲマン」とは接点がなくなっていく**ものだ。

✪「逃げる」だけでも運気は守られる

「この人とは合わないな」

「なんだか違和感を覚えてしょうがない」

そんな人は、少なくともあなたにとってのサゲマンかもしれない。思い切って関係を絶つのも一つの手だろう。

もちろん職場や取引先の人や家族などと関係を絶つのは難しいかもしれないが、美容師やエステティシャン、家電量販店やスーパーの店員でも、

「この人、嫌だな」

「運気が乱されそう」

と感じたら、遠ざかったほうがいい。

とにかく**「本能的によくない」と思ったら、近寄らない**ことだ。「口の中で呪文を唱《とな》えろ」と言う人もいるが、逃げたほうが早い。

向こうから近づいてきたら、トイレに逃げてほしい。トイレは鏡が多く、**鏡に向か**

うだけでも悪いものをはじいてくれるだろう。そして、そこで**手を洗う**というのは、効果的なアクションだ。

男性なら顔を洗うのもいい。うがいもいいだろう。ウイルスを落とすように、とにかく、「嫌なもの」を洗い流すのだ。

大きな声では言えないが、筆者のところにも「ちょっと、この人は……」と感じる依頼者がたまに来る。

もちろん、仕事である以上、鑑定はしっかりするし、相談にも乗る。が、たまに週末に行なっているパワースポット巡りの参加者の中には、他の人の迷惑をかえりみない人もいる。そうした時は、他の参加者のことも考慮し、厳しい態度でのぞんでいる。

「次からは来ないでくださいね」とか「お金はいらないから、帰ってください」と目の前ではっきり言うこともある。

ただ、それができるのも、筆者がそのような形で〝お引き取り願った〟人たちの「怨みの念」をはね返せるからかもしれない。

それをできない人がやれば、最悪の場合、危害を加えられる可能性もあるだろう。

自分のエネルギーでは、相手のマイナスの念をはじき返せないと感じた場合は、とにかく、その人との接点をなくすこと。その人の前から姿を消すことだ。

たまに「お清めに」と、相手がいたところに塩を撒《ま》く人もいるが、基本的にはその程度のアクションは気休めだ。

「呪い」とは、妬みやそねみから派生すると書いた。

「相手にしてくれない、悔しい」

「なんで、私よりアイツが出世するんだ」

そんな嫉妬の念を向けてくる人物からは潔く逃走することで、運気を吸い取られてしまうことを阻止してほしい。

ママ友でも仲のいいグループでも、一緒にいることに苦痛を感じ始めたとしたら、フェイドアウトすることをおすすめする。

一人ひとりの時間は限られている。楽しくないことに消費する暇はないはずだ。

「反感」「嫉妬」を悠々とかわす方法

「呪われにくい人」「運気に守られる人」について、もう少し詳しく説明していこう。

とにかく人間、**身の丈《たけ》を意識して行動していれば、反感や怨みを買うことはない。**

逆に言えば、そこを間違えると、必ず敵を作る。

「でも、私は言いたいことを言いたいんだ！」

というのなら、努力して頭抜《ずぬ》けた存在になること。

ちょっと言いたいことを言ったとしても、

「あの人が言うのなら、仕方ないか」

などと思われる存在を目指すのだ。

どんな仕事をしていようとも、腕を上げれば上げるほど、実績を積み上げていけばいくほど、周りは何も言えなくなるものだ。そういう人は常に新たなチャレンジに余念がないし、仕事が途切れることもない。

今の実力で甘んじていれば、

「アイツ最近、調子に乗っているよね」

なんて陰口を叩かれるとわかっているからだ。

✪「人情の機微」に通じるだけで……

こうした努力を怠《おこた》らないことを前提として、**言葉一つで嫉妬を上手にかわす方法が**ある。それは、

「自分も大変なんだよ」

と、**ボヤキの言葉を口にする**こと。

「あの人、口がうまいから、いい仕事ばかり担当させてもらえる」

「何の苦労もなく、儲けられて羨《うらや》ましい」

あなた自身、誰かにそんな思いを抱いたことはないだろうか。しかし、その相手が、

「やりがいのある仕事を任せられたけれど、土日も家に持ち帰って仕事をする羽目になって大変なんだ」

「楽をして儲けているように見えるかもしれないけど、実は綱渡りなんだよ」

などとボヤくのを聞いたらどうか。「なーんだ、アイツも意外と苦労してるんだな」と、誰しもホッとするものだ。

仕事でもプライベートでも、怨みを買いそうなポジションについた場合は、ボヤかないまでも、**これまで以上に腰を低くしておく**こと。そうすれば、妬まれることはそうそうない。

「アイツは出世したけれど、それなりに大変そうだな」

と、思わせることができれば成功だ。妬まれて、足を引っ張られるよりは、はるかにいい。

会社や組織では、上に行けば行くほど「席」は限られてくる。いくら仲がよく切磋《せっさ》琢磨《たくま》してきた同僚でも、自分より出世していく姿を見て「面白くない」と感じるのは当然の心理だろう。

そうした**人間の「心の機微」をわきまえておく**ことが肝心なのだ。

さらに、日頃から「公言しておく」という方法もある。

たとえば、筆者は昔から、父親の形見のロレックスを身につけており、今でもその延長のように使用している。最近、ずっと憧《あこが》れていた新しいモデルを購入することができた。プレミア価格がついて投機目的に購入されるくらい人気の品なのだが、日頃から「時計好き」を公言しているし、

「やっと、やっと買えたんです。有り金をはたいて」

などと言っているので、「よかったねー」と言われることはあっても、反感を買うこともない。

これを、

「まあ、この程度の時計なら、大したことないんだけどね」

なんて、やってしまうと、敵を作ることになる。

海外旅行やブランド・ショッピングなど、妬みを買いそうな趣味についても、**「実は別の部分でかなり節約しているんですよ。これが生きがいなので」**などと言えば、嫌味にとられない。

実際はたっぷりお金を稼いでいて、宿泊先は五つ星ホテルでも、口に出して言わなければいい。「匙《さじ》加減一つ」で、怨みはいくらでもかわせるのだ。

「呪いからの防衛力」をアップする秘策

呪いとは無縁な人、運気の強い人の特徴に、**霊視しやすい（＝意志が強い）**ことが挙げられる。

私は「正夢《まさゆめ》」をよく見るのだが、浅からぬ縁ができる人とは、「出会う前から夢で会っている」ことがほとんどだ。

そして霊能者は、起きている時にも正夢を見る。それは、意識的に「無意識の状態」を作り出す能力があるからだ。

相手を霊視する時は、こうした力を使って相手の無意識にアクセスする。

ただ、たまに依頼者を視ようとしても、視えにくいと感じることがある。

たとえて言うと、ふだんなら意識の層を十メートルくらい潜《もぐ》ると、その人が視えてくるのに、二十メートルくらい潜っても、視えにくい人がいるのだ。

気がつくと入り込みすぎて意識が飛んでしまうこともある。先日も霊視中に、依頼者の「先生！」の声で現実に引き戻され、「あっ、入りすぎちゃった」と、我に返ったことがあった。

✪「主義主張がはっきりしている人」ほどよく視える

逆に「霊視しやすい人」がいる。そういう人は目の前に座っただけで、相手の全てがバッと目に飛び込んでくるかのようだ。

彼らの共通点は、**意志が強く、自分の主義主張がしっかりしている**こと。つまり、周りの「負の感情」によって揺らぐことがない。だから、ちょっとやそっとの呪いなどは、瞬時にはね返すことができる。

職業で言うと、オーナー企業の経営者や自営業の人たちは比較的視やすい。意志が固まらずフラフラしていたら会社が潰れてしまうからだ。特に会社の規模が大きくなればなるほど、自分のジャッジの影響は大きくなるから、強固な意志が必要になる。

だから、よく視える。

逆に、**視えにくい人は、与えられたことをやっているだけの人**だ。

意外かもしれないが、公務員や教師に視えにくい人が多い。特に自分の気持ちを押し殺して働いている人は、本当に視えてこない。

また同じ公務員でも、キャリアの長い人は視えやすいが、入りたての人は視えにくい。そして、同じ教育者でも、大学の先生は視やすい。

また、意志が弱い人、その場のノリだけで生きているような人も視えにくい。

「自分が本当にしたいこと」が、潜在意識の奥深くにあるからだろう。ひょっとしたら、自分の意識に「したいこと」が、そもそもないのかもしれない。

☆「やりたいこと」をきっぱり表明する効果

つまり、はっきり言ってしまえば、**収入の高い人ほど霊視しやすい**。その理由も自分の意志で動いている人が多いからだろう。

逆に言えば、**意志を強く持つ、自分のやりたいことを表明すると、運気も上がるし、呪いも寄せつけない。**

芸能人でも、ソロで活動していて、事務所を背負っているような人ほどよく視える。たとえば同じ大人数グループアイドルでも、売れているセンターはよく視えるが、端《はし》のほうのメンバーは視えにくいと、立ち位置によって視え方は顕著に異なる。

筆者の行きつけの飲み屋には、宝塚の人たち、いわゆるタカラジェンヌも顔を出すが、同様にトップ付近の人たちほどよく視える。そして集団で踊っているような子でも、よく視える人ほど徐々に頭角を現わしてくる。

これはサラリーマンでも、医者でも、どんな職業に就いていても同じだ。

「自分の意志を強く持つ→他人の負の感情（呪い）に影響されなくなる→自分のエネルギーを全開にして生きられる」

こうした循環に入った人は、放っておいても人より目立ってしまい、引き立てられ、応援され、運気も盛んになり、結果を出せてしまうということなのだ。

会社という「呪いが発生しやすい場」にいる人へ

筆者は「独立したほうがいいですか?」といった相談をサラリーマンや芸能人から受けることが多い。

そんな時、ほとんどの人に、

「今いる会社/事務所を辞めないほうがいいよ」

とアドバイスする。会社や事務所に所属してさえいれば、何らかの仕事を与えてもらえるからだ。

ただし、「呪い」という観点から言うと、**フリーランスよりも組織にいるほうが格段に受けやすくなる。**

組織の中では、自分がしたい仕事を、したいようにできることは稀だ。希望の会社に就職できた人でも、気の乗らない仕事や人間関係の悩みはつきものだ。会社は構造上、不満が生まれやすい場所だからだ。

人によっては、実力が発揮できず、ふがいない思いをすることもあれば、不本意な仕事を与えられ、プライドが傷つくこともあるだろう。逆に「過大評価」をされて苦しい思いをすることもある。

こうした「不適合」は他者への嫉妬、あるいは他者からの嫉妬を生み、「呪い」に発展する。

そうした意味で、組織に属さないフリーランスは「呪いを受けにくい」立場にあるといえる。不祥事を起こした場合の責任は自分一人で負わねばならないし、批判も一身に受けることになる。しかし、わずらわしい上下関係に気を使う必要もないわけだから、嫉妬を受けることは少ない。たとえ仕事が順調で羽振りがよかったとしても、

「これでけっこう、大変なんですよ」

の一言で、妬みをかき消すこともできる。

✪「組織の呪い」と「自分の実力」を天秤にかけてみる

ではなぜ、筆者は「独立したい」と相談に来る人を引き止めることが多いのか。

それは、「コンスタントに仕事が入ってくる」「何かあったら、会社が守ってくれる」という状況は、何物にも代えがたいだろうからだ。


職業柄、筆者の友人にはテレビ局や出版社に勤める人が多いのだが、引き止めたにもかかわらずフリーランスになって、

「会社を辞めたら、今まで仲がよかった仕事関係の人たちが急によそよそしくなった。彼らは、自分個人ではなくて会社の看板を相手に仕事をしてくれていたんだなって、今になって思う」

などと愚痴《ぐち》る人は少なくない。


少なからず会社名に頼って仕事をさせてもらっているタイプの人は、安易に辞めるべきではない。

筆者は、「マイナスを感じる人がいるなら、逃げたほうがいい」と再三、提唱してはいるが、中には「上司に掛け合ったほうがいいよ」とアドバイスをすることもある。

給料が多少安くても、「周りが守ってくれる」環境にい続けるという選択肢は、ある意味アリだ。

独立して組織の呪いから自由になるか、組織に属して守ってもらうか、そのあたりの見極めは、なかなか難しいとは思う。

大切なのは「自分の実力」と、こうなりたいという「ビジョン」がしっかりと見えているか、だ。

自分の「立ち位置」が冷静に判断できると、それだけで呪いを受けにくくなる。

呪いを引き寄せやすい「霊媒体質」

筆者は依頼者から電話が来ると、

「あっ、この人、ヤバいな」

というのが声でわかる。

さらに話を聞いて、霊障が明らかにのっぴきならない状態だと感じた場合は、「お祓いしないと厳しいですよ」と、最初から言い切り、こう告《つ》げる。

「多分、あなたはこちらに来られないから、私がそちらに行きます。交通費は別途いただきます」

と。この時、イエスと答えてくれたら、どうにかできる。しかし、ノーという返事なら、ほぼ会うことはできない。

「交通費までは出せないので、こちらから行きます」

こう言われると、まず、先方は私のところに来ることができない。日程を設定しても、そのほとんどが、

「急な用事が入りました」

と、突然のキャンセルになる。そして、先方からは二度と連絡が来ない。こうしたケースの場合、完全に〝邪魔〟が入るのだろうと思っている。

〝邪魔〟とは、その人に憑いた霊的存在からの干渉のことだ。

✪「霊からの交信」には絶対応えるな

霊媒《れいばい》体質と呼ばれる人がいる。こういう人は、無意識に霊を呼び込んでしまう。やめるように注意をしても、無意識で交信してしまうので仕方ないのだ。

「あなたは肺が過敏だから、タバコを吸ったら、ダメだよ」

と注意をしたとする。本人もその場では「はい」と返事をするものの、習慣になっているのでつい吸ってしまう、そんな感じだ。

こういう人の場合、霊から何か交信があっても、無視するしか方法はない。自身の力で祓えないなら、なおさらだ。そうしないとマイナスが澱《おり》のように溜《た》まり、せっかく手立てを打とうとしても邪魔をされ、命を落とすケースもままある。

もし、読者の中で「私も霊媒体質かも」と思う人がいたら、**霊からの交信には絶対に応えない**ようにしてほしい。「完全無視」するのだ。

それが自分の身を守る確実な方法だ。

ちなみにだが、もし「どうしても霊体に反応をしてしまうので、それならいっそ霊を視えないようにしてほしい」という依頼があったとする。理屈的には、できると思う。もちろん、その人の霊感の強さにもよるが。

ただ、もし女性の読者で「自分は霊媒体質かもしれない」と悩んでいる人がいたら、安心してほしい。女性には、霊感を失うタイミングが三つある。一つ目は初潮、二つ目は初性交、三つ目が出産だ。この三つの経験で、九〇パーセントほどの女性は霊感を失う。

男性の場合、霊感の持ち主は少数派だ。しかし、霊感がある場合は、女性の比にはならないくらい強いことが多い。

読者の中にはあまりいないかもしれないが、霊媒体質による霊障に本気で悩んでいるのであれば、私のところへ相談に来てみてほしい。

Column

チャーチルの「Vサイン」は対ヒトラーの「魔除けの呪術」!?

「第二次世界大戦は、呪術が飛び交う場だった」と言う人がいる。

筆者は、この意見を間違っているとは思わない。

というのも国家社会主義ドイツ労働者党（ナチス党）を率い、ドイツを戦争へと導いた**独裁者アドルフ・ヒトラーは、確実に霊能者**だったからだ。

ヒトラーには影武者がいたという説がある。本当かなと、昔、少しだけ霊視をしたことがあるが、確かに影武者のヒトラーは存在した。

というのも、本物のヒトラーは、背後が真っ黒だからだ。

普通の人間には、たいてい何体かの背後霊が憑いている。しかし、ヒトラーの背後は漆黒《しっこく》の闇。完全に「魔」が入っていた。ナチス党の党首になりはじめの頃は、その闇も小さかったので、次第に魔に蝕《むしば》まれていったのだろう。このような巨大な闇を背負った人間を、筆者は彼以外に見たことがない。

そういえば一度、オウム真理教の麻原彰晃《あさはらしょうこう》を視たことがあるが、彼にも闇があった。ただ、彼の闇はソフトボール程度の大きさ。

それほど格の違う「闇」をヒトラーは背負っていた。

ヒトラーを霊能者だと裏付けるこんな話がある。一九四四年六月、連合軍によるノルマンディー上陸作戦が成功すると、ドイツ軍の旗色は一気に悪くなった。以降、ヒトラーは何度も命を狙われるのだが、奇跡的に回避し続けた。これは確実に彼が霊能者だったからだと思う。事前に危険を察知することができたのだろう。

しばらくは逃げおおせたのだが、一九四五年四月三十日、ソ連軍にベルリンを包囲され、もはやこれまでと感じたヒトラーは、愛人エヴァ・ブラウンとともに地下室で自殺をし、亡くなった。「自殺をしたのは影武者で、本物は南米に逃げた」といった説もあるが、この話はここでは割愛しよう。

では、そんなヒトラーに連合軍はどう対抗したのか。

有名なのが、**イギリスのウィンストン・チャーチル首相のVサイン**にまつわるエピソードだ。

第二次世界大戦中、チャーチル首相はやたらとVサインを繰り返していた。

このポーズは、**「勝利のヴィクトリーを意味したものではなく、実は魔除けだ」**という噂があるのだ。

ヒトラーは霊能者だと書いたが、彼はオカルトを深く信奉《しんぽう》していた。

ナチス党のシンボル、鉤十字《かぎじゅうじ》（ハーケンクロイツ）は、黒魔術的な意味合いも込められていたと言われている。

この魔力を打ち消すためにとられたアクションが、Vサインなのである。

このサインにはペンタグラム（五芒星《ごぼうせい》）の魔力が応用されているという説がある。

そのため、次第に他の連合軍の指導者たちもVサインを用いるようになったとも言われている。筆者はこのVサインは、完全に魔除けだったと思う。

チャーチルは霊能者ではないが、彼のブレーンには、その類《たぐい》の人が何人かいたと思う。

そういえばヒトラーは、キリストの脇腹を刺したという伝説のある、**聖遺物《せいいぶつ》「ロンギヌスの槍《やり》」**を追い求めていた。

ヒトラーがロンギヌスの槍を欲しがった理由はただ一つ、「**この槍を所有する者は、世界を支配することができる**」と言い伝えられていたからだ。

ただこの槍には、「一度手にできたとしても、失うと所有者は滅びる」という伝説もある。ヒトラーが手にできたかどうかは定かではない。

詳しく霊視してみたい欲求にもかられるが、闇とつながった者には触れないに越したことはないと、まだ視てはいない。

ちなみに、その頃日本では、密教の僧侶たちが戦勝の祈りを捧げていたといわれている。

「アメリカのフランクリン・ルーズベルト大統領が亡くなったのは、密教の呪いが届いたおかげだ」と言う人もいるが、その結果、副大統領だったハリー・トルーマンへ大統領のバトンが渡された。そしてトルーマン大統領によって、広島と長崎に原子爆弾が投下されることになるのだ。

3章　近づいてはいけない場所

——なぜ、そこに「怨念と妖気」が渦巻くのか

「山道での霧」は、こんなに恐ろしい

この世界には**「行ってはいけない場所」**がある。それは、**積年の怨みがつもっている土地**だ。そういう場所はたいてい、空気がジットリと湿っている。そして霊感のない人でも「ここ、なんか気持ち悪い」と感じるような妖気が漂っていることも多い。

たとえば、その典型的な地の一つが、山梨県にある有名な心霊スポット**「花魁淵《おいらんぶち》」**だ。

花魁淵は別名「五十五人淵」とも呼ばれているが、それはこんな哀しい伝説に由来する。

この地には昔、「黒川金山」と呼ばれる、武田家の隠し金山があった。この金山の近くの遊郭《ゆうかく》に、五十五人の遊女が在籍していたのだが、口封じのためにこの地で殺されたのだ。

それも「あなたたちをねぎらいたい」と設けられた酒宴の席で、である。橋の上で全員が舞を踊らされ、その最中に橋の上から突き落とされ、皆殺しにされたのだ。

「花魁淵」――殺された花魁の集合霊の襲撃

筆者はこの花魁淵で、危うく呪いにからめ取られそうになったことがある。

ある日、ラジオの仕事で山梨を訪れていた。帰り道、スタッフから、

「先生、花魁淵に行ったことある？　行ってみようよ」

と聞かれ、そういえばないなと、軽い気持ちでOKした。

道に迷いつつ、ようやく到着したその時、晴天だった空に急に雲がかかり、嫌な予感がした。

「先生、もうちょっと上のようですよ」

と言うスタッフに促《うなが》され、淵が見える場所へ移動していると、みるみるうちに霧が立ち込めて、気付けばあたりが真っ暗になっていた。

明らかに「ヤバい」兆候だ。

「逃げよう」

これ以上ここにいると、霊との本気のつぶし合いになると、急いで車へ戻ったのだが、霧は人が歩くくらいの速度で、ぐんぐんこちらへ向かってくる。

「早く、エンジンかけて！」

と、スタッフに言うのだが、映画のワンシーンのようにエンジンがかからない。私がエンジンに向かって念を送っているとようやくかかり、逃げ出すことができた。不思議なことに、ある地点まで行くとその霧はピタリと止まり、それ以上はついてこなかった。


「気分転換にラジオをかけましょうか」

と、スタッフがカーラジオをつけたのだが、かからない。そういえばと、私も胸ポケットから携帯電話を出したところ、完全に壊れていた。

携帯が故障した原因は霧を浴びたから、というよりは、私が体から防御のための強いバリアーのようなものを発していたからだと思う。

花魁淵の霧の霊たちは複数。そして集合体だった。

金山がらみで殺された遊女の霊はもちろん、それ以降にこの地で亡くなった人、殺された人や事故死した人の霊も中に加わり、坂を転がる雪だるまのように年々、呪いが巨大化しているようだった。

しかも一体一体が、それなりに強い霊だ。戦場でも、強い相手一人と対峙《たいじ》するより、大勢で来られるほうが身の危険を感じるというが、花魁淵の集合霊は、それぞれの個体が強いのだから、ここでは「逃げる」の一択だ。

それほどまでに強い呪いだから、この付近の道路で昔、事故が多発していたのも納得できる。近年は、新しいトンネルができたが、このトンネルを通っている分には大丈夫だと思う。

カメラマンの服を「無数の白い手」が……

心霊スポットにまつわる体験談につきものの「ダムの近くを通っていたら、突然白い霧が出てきて追いかけられた」という現象、こうした霧は最悪のものだ。呪いが襲いかかってきていると思って間違いがない。だから、霧が発生した、と感じた時点で、とにかく一目散に逃げてほしい。

ある友人のテレビマンに、こんな話をされたことがある。

その人はワイドショーの中のワンコーナーで、心霊スポットへ撮影に行ったのだそうだ。すると、霧が出て来たので慌てて逃げたものの、カメラマンと一緒に思いっきり浴びてしまった。

その結果、その後テレビマンは発熱と嘔吐《おうと》を繰り返し、体調不良で仕事を十日ほど休む羽目に陥ったそうだ。

「休んだ理由を上司にたずねられ、『心霊スポットに行って……』と答えたら、『ウソつくな』と、怒鳴られてしまいました。事実なんですけどね」

と、苦笑していた。

ところで、友人のテレビマンの話では、霧が出てきた時、同行していたカメラマンはそのカメラを回したまま倒れてしまったのだそうだ。後日、映像を確認したところ、カメラマンの服を無数の白い手が引っ張っている様子が映っていたのだとか。当然、この映像は、お蔵入りになった。

人が歩く速度で近づいてくる霧だけは、本当に危険だ。呪いによって、みるみるうちに生体エネルギーを吸い取られるからだ。結果、生体エネルギーがカラカラになり、「霧の霊の仲間入りをした」、なんてこともない話ではない。

車の中なら比較的安全だが、それでも一刻も早く退散することをおすすめする。

自殺——引きずり込もうとする何か

この話は、三年ほど前の出来事だ。

埼玉のとある農家から電話で相談を受けた。当初は、電話で霊視し、アドバイスをするだけの予定だった。

その依頼者の自宅のすぐそばに用水路があるのだが、そこが自殺の名所のようになっているという。聞けば、年に二、三人の人が、水路に身を投げて死んでいるそうだ。

「これは、土地が悪すぎる。引っ越そうよ」

と伝えたのだが、先祖代々受け継がれてきた土地なので、「はい、そうですか」と手放すことはできないという。

ならば、とお祓いをしに出向くことになったのだ。

さて、依頼者の自宅を訪れ、ある部屋をちらっと見た瞬間、ギョッとした。

依頼者の弟さんの部屋だそうなのだが、アダルト系の雑誌が山積みになっているのが見えたからだ。霊に憑かれた人の特徴として、「色欲が強くなる」というものがある。

私の表情を見て、「ある時期から急に買い集め始めたんですよね」と、依頼者。

件《くだん》の用水路を視ると、やはり呪いのようなものが染み付いていた。

「ここ、死人が出やすいから注意してくださいね」

などと言いつつ、その日は用水路のお祓いを順調に済ませ、弟さんもアダルト雑誌を片付け始めたそうなのだが……。

なぜ、そこは「自殺の名所」になってしまったか

この日から十日も経たずに、依頼者から再度電話があった。

「弟が首を吊《つ》って、亡くなりました」

と。

実は用水路を除霊した後、土地全体に禍々しいものを感じたので、穴を掘って、土地の障りを鎮めるための果物を埋めてほしいと依頼主に伝えていたのだが、後回しにしてやっていなかったそうだ。

そうこうしているうちに、弟さんが急に首を吊って亡くなってしまった。

「お手数ですが、再度お祓いに来てもらえませんか？」

と依頼され、急いで駆けつけた。東京が大雪の日だったこともあり、強烈に覚えている。

依頼主のお宅に着くや、弟さんが首を吊った場所はすぐに視えた。母屋《おもや》を抜け、農家の作業所のようなところへ向かい、

「ここでしょ。このへんじゃないですか？」

と言うと、「どうして、わかったんですか？」と驚いていた。天井の梁《はり》のあたりを見上げると、ロープの跡がちゃんとついていた。その場所をお祓いした後、母屋のほうも、お祓いした。

その後は何事もないようだが、**「自殺の名所」のような場所には、確実に「引きず**

り込もうとする何かがいる」と確信した出来事だった。

✪古戦場跡――「大激戦地」に残る念

こんな相談事例もあった。

昔、ことあるごとに相談の電話をかけてくる依頼者が新潟にいた。

ある時、その彼が悲痛な声で、こんな相談をしてきた。

「両親が首を吊って亡くなっていました。どうにかしてほしい。成仏《じょうぶつ》させてあげてほしい」

二つ返事で引き受け、現地へ向かったのだが、新幹線を降り、車に乗せられて依頼者の自宅に向かう道中、明らかに「ここ、ヤバいよ」という場所があった。

そこは古戦場の跡のど真ん中。大激戦地の跡だった。

そして、この古戦場がある山肌に、彼の家は建っていた。

家に入ってすぐ、階段の横にご両親の霊が立っていた。

「ねえ、このへんで首を吊っているでしょ」

と、言うと、

「はい、そうです」

と、目を丸くしていた。

「お父さん、元気そうに見えるのになあ」と思いつつ霊視をすると、いろいろなことが視えてきた。

依頼者の父親は、認知症になった妻（依頼者の母親）の面倒を一人で見ていた。

当時、依頼者は結婚し、新築を建て、子どもが生まれたばかりだった。そのため、認知症を患《わずら》う母親の世話をはじめ、家のことの全てを父親が切り盛りしていたようだ。

しかし、その父親に膀胱癌《ぼうこう》が見つかり、余命半年を宣告されたそうなのだ。

ちなみに母親は七十代で、父親が八十代。

「自分が死んだら、息子に全てを託さなくてはいけない」

そう思った父親は、母親の首をまず吊り、そして自分も命を絶ったのだ。

すごいなと思ったのは、この父親は自分の死後、どのような手続きをしたらいいのか、電話番号や銀行の口座番号をリスト化し、相続などの書類も全て揃えていたこと。それだけ覚悟をした上での自殺だったのだ。

思わず、

「お父さん、男だねー」

とつぶやいたら、依頼者に号泣されてしまった。

これはあえて伝えていなかったが、家が建っている場所が違ったら、未来も違っていたようには、思えた。

いわくつきの土地、ワケありの物件

前述したとおり、学校、会社など、人が集まり競争や勝敗が発生する場所は呪いが生まれやすい。

今だと上層階と低層階で値段が大きく変わり、そのことが原因となって嫉妬が生まれやすいタワーマンションなども当てはまるかもしれない。

喜怒哀楽が強い場所はそれだけ、「ネガティブなエネルギー」＝「呪い」が発生しやすいからだ。

そして、こうした条件とは無関係に、**「圧倒的に悪い場所」**というのも存在する。

こんな話がある。六本木のとある有名なビルに、あるテレビ番組のスタジオがあった。そこのスタッフがある時、筆者のところに相談に来たことがある。

「ここにスタジオを構えてから、スタッフの半分が原因不明の病で倒れ、怪我や事故がとにかく多発するようになりました。スタッフ不足で番組が存続できなくなるくらいなのですが、ひょっとして霊的な理由でもあるのでしょうか」

と。

「どうしたらいいでしょう」と言うので、住所を聞き、さもありなんと納得した。有名な墓地跡に建てられたビルだったからだ。

「土地がとにかく悪い。簡単にできる方法は、窓を全て開けて、とにかく換気をすること」

と言うと、スタジオは地下にあるため、窓がないという。

「それなら、除湿器を全部の部屋に取り入れるか、私を雇うのが一番早いかな」

と言うと、そんな予算もないそうだ。

「何らかの対処をしないと、確実に今以上にヤバくなるよ」

と忠告したのだが、後で聞いた話によると、その番組は結局、打ち切りになったそうだ。そもそも電磁波をバリバリに出すテレビ局のスタジオは、霊的なものを引き寄せやすい。立地を考えると、私の忠告でも効果は薄かったかもしれない。

✪「祟り系の霊」と「事故物件」

祟り系の霊がいる呪われた場所は、いくら運気に勢いのある人でも影響を受ける。プールに入り続けていたら体温が下がるように、「よくない場所」に住んだり、働くなどして長時間を過ごしたりすると、エネルギーはどんどん奪われ、枯渇《こかつ》していってしまう。

「ここに住んでから、運気がどんどん下がっていく」

と感じたら、引っ越しを決意して間違いない。

職場でもそうで、もう絶対条件だろう。

事故物件を巡っているお笑い芸人がいるようだが、私からすると「自殺行為」である。家賃が安いし、割と大丈夫そうだと、あえて事故物件を選んで暮らす若者もいるようだが、決しておすすめできない。何かあってからでは遅いのだから。

✪「無実の罪でさらし首」の怨念

また、病院跡、そして刑場や首切場、古戦場の跡、要は人が大勢死んだ場所は、いくら慰霊しているといっても、住むのを避けたほうがいい。

特に刑場跡は、自分が犯した罪の代償に首を切られる人が圧倒的なわけだが、無実の罪で処刑された人も少なくない。昔は、無実であるにもかかわらず、拷問《ごうもん》を受けて無理やり自白をさせられ、罪を被《かぶ》るということは珍しくなかった。

「自分は無実だ!!」

と叫びながら、首を切られた人もいただろう。当人だけでなく家族もまた、この場所を怨んだことだろう。

そういう人たちの怨念は強い。こう書くと、

「東京でいったら関東大震災や東京大空襲なんかで、不慮の死を遂げた人がいない土地なんてないよ」

と反論されることもあるが、死に方が全く違う。無実の罪で首を切られ、さらし首

にされ……と考えてみてほしい。怨み・つらみは相当なものだ。

また、**人が死んだ数だけ、呪いは強くなる。**もちろん、一人しか亡くなっていなくても十分に怨念の強い場所もあるが、百人の首が切られている場所のほうが圧倒的に「ヤバい」ものだ。

✪寝ている間にエネルギーが奪われる土地

今はめったにないことだが、昔は誤診で「ご臨終です」とされるケースも多かった。だから昔は、お通夜という日が設けられ、親族が一晩、寝ずに死体を見守っていた。お通夜の場で生き返った人も少なくなかったそうだ。

こうした理由から、近くにお寺があったら、半径百メートルはよくないだろうなと筆者は感じている。寺の周辺には墓地がある。つまり、墓地跡である土地に建てられた可能性が高いからだ。

墓地には殺された人の霊がいることもある。また特に古い墓地だと、お通夜で蘇生しなかったものの、実は生きていて生き埋めにされたケースもある。

そういう場所にいると、呪いを受けたり、霊に取り憑かれたりというよりも、エネルギーが下がっていく。結果、どんどん運気が悪くなる。

寝ている間に、エネルギーを吸われる場所と、エネルギーを上げてくれる場所、どちらに住むべきかとなったら、後者のほうが圧倒的にいいに決まっている。

人間は、一日の三分の一近くは寝ているわけなのだから。

「落書きが多い場所」に近づいてはいけない

もし引っ越したい、もしくは新しく働こうと考えている場所があるなら、物件の周りを散策してみてほしい。**霊感がなくても、その場がエネルギーを上げてくれる土地かどうかは、雰囲気で何となく察知できる**ものだ。

まず薄暗く、落書きが多い地域は避けること。不法投棄やゴミが積み重なっているエリアもいいとは言えない。衛生面というよりも、「人通りが少ない」ためにそのような状況になっているからで、こうした場所は危険だ。

また、**活気のある街に住むと、自身のエネルギーも上がってくる。**そうした街のエネルギーに守られると、呪いとは無縁に生きられる可能性が高まる。

同じ駅なのに、南口と北口でまるで風景が違う、というケースもよくあるが、この場合も、「活気のある清潔なエリア側」に住んでほしい。

利用するお店も、「エネルギーの流れ」を見て決めるといい。

たとえば、筆者の家の近所には、牛丼チェーン店と、そばのチェーン店がある。同じような価格帯のメニューを提供しているが、私は素早く食べたい時は、そば店を選ぶ。不思議と客層が、そば店のほうがよさそうだからだ。日々のこうした選択が、つもりつもって自身の運気に影響していくものだ。

今、筆者は知人に誘われ、銀座で週に一日、占いの店舗に顔を出しているのだが、この仕事を引き受けたのは、銀座だからだ。

銀座はエネルギーが抜群に強い。どんなに条件がよくても、別の街なら引き受けなかった。

それくらい、「場所」は大事だ。

筆者は「買い物をする」時も、運気のよさそうな人がいる店で買うし、新宿であれば、圧倒的に気の流れがいい伊勢丹を利用する。

何につけ土地は大切だよ、ということなのだ。

「好奇心で心霊スポットに近寄った人」の末路

ここまで読んできた読者であれば、面白半分に心霊スポットなどに行くのがいかに軽率、かつ取り返しのつかない事態を招いてしまうか、ご理解いただけたと思う。

マイナスのエネルギーが滲《にじ》み出ている場所へ、なぜわざわざ近づこうとするのか、「怖いもの見たさ」にしてもリスクは決して小さくない。

よく、

「有名な心霊スポットに行ったけど、何もなかった。幽霊が出るなんてウソだよ」

などと言う人がいる。しかし、そういう人たちも少なからず影響は受けているはずだ。

その場所を訪れた後に風邪をひいた、お腹を下した、その日は気絶するように寝た、眠れなかった、朝起きられなかった、女性だったら生理不順になったなど、何らかの不調があったはずだ。

心霊スポットに行って恐ろしいのは、「女のうめき声が聞こえた」とか「謎の影が動いた」といったことではない。

本当に怖いのは「体調不良」なのだ。

それは生体エネルギーを奪われた、襲われてしまった結果だからだ。

恐怖心より好奇心が強い人間は「肝《きも》試し」のような感じで心霊スポットに行ってしまうのかもしれない。しかし、自分の命を縮めてしまう可能性があるということは、はっきりと伝えておきたい。

✪「七三一部隊」——細菌実験の犠牲者の霊が蠢く場所

四十年近く前に、テレビのロケで、新宿区にある都立戸山公園内の箱根山へ除霊に行ったことがある。

この場所には、ハルビン近郊で生物化学兵器を秘密裏に研究開発していた旧日本陸軍の細菌戦部隊「七三一部隊《ななさんいちぶたい》」と関係が深い防疫《ぼうえき》研究室があったとされている。隣接している公園からは、百体もの人骨が発見された、いわくつきの場所だ。七三一部隊では、細菌兵器の開発のために、生きた人間が実験の材料とされたという。

人体実験をされるなど、考えただけで身の毛もよだつが、その怨みはさぞ深かったろう。当然、ほの黒い呪いが土地全体にしみついている。


このロケをしていた時、何体もの霊に襲われた。

こちらも負けじとバンバンと霊気を飛ばし、対抗したのだが、最終的に自分が打つ弾《たま》がなくなり、霊が家まで憑いてきてしまった。

この時の自分はまだ修行中の身だったのだが、霊能の師匠にドライブに誘われ、迎えに行った時、

「あんた、どこへ行ったの？　憑いてきてるよ」

と、パッパッとすぐに背中に憑いていた霊を祓ってくれたので、ことなきを得た。

体の中にまでは入り込まれないように、事前に霊力を防水スプレーのように全身に

張り巡らせていたことも功を奏したと思う。もし入り込まれてしまっていたら、祓うのも簡単にはいかなくなっただろう。

テレビで活躍していた霊能者が、不審な亡くなり方をするケースは少なくない。この時のことを思い出す度に、除霊をしている最中に、霊に体の中まで入り込まれたからではないかとも感じている。

日本史上、最恐の「呪いの主」が鎮まる地

前項で紹介した七三一部隊のケースもそうだが、怨みを抱きつつ亡くなった人物の霊は、死んだ土地や縁のある場所に居着き、「呪いの主」となる。

ちなみに、筆者は**依頼が来ても絶対に断る呪いの主**として、**平将門《たいらのまさかど》公**と、**崇徳天皇**を挙げている。

歴史的に知られた人々の怨念は、何百年経っても、褪《あ》せずに残っている。

歴史にその名が残るような人たち、とりわけ地位の高い人たちは、念が格段に強い。

一般市民と統治者なら、統治者のほうが断然、元々持っている運気もエネルギーも強固だ。中には強い霊感を感じさせる人もいただろう。そのため平安時代には、「地位の高い人を処刑すると、怨霊になり自分たちに復讐《ふくしゅう》してくる」と考えられ、ほとん

どは極刑ではなく「島流しの刑」に処された。

しかし、筆者の見解では、ひっそりと処刑し、その霊を弔《とむら》ったほうがよかったのではないかと思っている。というのも、島流しにされた人は命が尽きるまでの間、怨み・つらみだけで生き続けるからだ。左大臣・藤原時平《ふじわらのときひら》の讒言《ざんげん》によって大宰権帥《だざいのごんのそち》に左遷された**菅原道真公**もそうだろう。

今なら誰かに強い怨みを感じても、気分転換の方法がたくさんある。誰かのミスをかぶって左遷されたとしても、人間関係のつながりは失われないだろうし、左遷先で新たな楽しみを見つけようと前向きになることもできる。

だが、平安時代に島流しや遠国の地に左遷されたら、そうはいかないだろう。雅《みやび》やかな都から離れ、できることはといえば、せいぜい和歌を詠《よ》んだり経典を書き写したりするくらいだ。

さぞかし、怨みもつもっただろう。その思いは、今とは比較にならないはずだ。

寝ても覚めても「こんな辺鄙《へんぴ》なところで」と。

「怨霊になって、全員呪い殺してやる」と。

“霊験があらたか”すぎる場所

一一五六年の「保元《ほうげん》の乱」で後白河天皇と権力の座を争い、敗れて讃岐《さぬき》（香川県）に配流《はいる》された**崇徳上皇は、今もなお強い怨念が残っている**のを筆者はヒシヒシと感じる。

今は「鎮まっている」かもしれないが、もし、あの方を起こしてしまったら、「こちらがつぶされるかなあ」という気がする。とにかく怨念が強すぎるのだ。

京都に、縁切り神社として有名な**「安井金比羅宮《やすいこんぴらぐう》」**という崇徳上皇に縁の神社がある。ここで願をかけると、

「会社と縁を切らせてくださいとお願いしたら、自分が骨折して退職することになった」

「夫と離婚できますようにと絵馬に書いたら、夫が癌になって急逝《きゅうせい》した」

など、願いを叶えてくださいとお願いしたものの、「そこまでは頼んでいないのだ

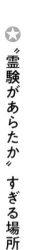

けど……」という結果になることもままあると聞く。

そしてそれは、崇徳上皇の念が生き続けているからだと……。

筆者は、この話を肯定もしないし、否定もしない。

ただ、崇徳上皇には、やはりうかがい知れぬほどのパワーがあると感じ入るばかりだ。

東京の大手町にある**「平将門の首塚」**にも、圧倒されるようなパワーを感じる。

平将門公は、桓武《かんむ》平氏の出身（高望王《たかもちおう》の孫）で、自ら「新皇《しんのう》」と称して関東に一大勢力圏を築いた勇猛な武将だった。しかし、九四〇年、朝廷への反逆者として平貞盛《たいらのさだもり》、藤原秀郷《ふじわらのひでさと》に討たれ、その首は京の都で「さらし首」にされた。

しかし、将門の首は胴体を求めて空に舞い上がって東国へ向かい、落ちたのが現在の首塚の場所という。志半ばで敗死した将門の無念は、さぞや大きかったのだろう。

今も首塚では畏怖《いふ》の念をもって鎮魂の儀式が続けられており、この首塚で願をかける人もいるようだ。たしかに、将門のパワーは強大で、その霊験はあらたかかもしれないが、個人的な願をかけることについては、筆者はあまりおすすめできない。

その無念のパワーが大きすぎるために、思いがけないダメージを受ける可能性も捨てきれないからだ。

しかし、たいていは、こちらが変なことをしない限り、向こうが何かをしてくることはない。まさに「触らぬ神に祟りなし」なのだ。

また、まさに今、「自分のことを呪ったまま死にそう」な相手に心当たりがある人は、連絡が取れる間柄なら和解をしておくことをおすすめする。

もちろん葬儀の際、線香をあげながら「あの時は悪かった」と頭を下げることで、相手の怨みが解消されることもある。

とはいえ、**許すかどうかを決めるのは霊体だ。**

「しょうがないな」と許されることも、「絶対に許さない」となることも、あるだろう。

それでも相手は人なので、心を込めて手を合わせてみてほしい。

子どもに影響が出る「土地の障り」

私のところには、ひきこもりや家庭内暴力に関する相談も多く寄せられるが、その原因のほとんどが親の育て方の問題だ。

ただ、〝**土地の障り**〟**が子どもに出た**というケースをいくつか見てきたのも事実である。

ある時、事務所に一本の電話がかかってきた。電話の主は北関東の女性で、

「子どもが中学生の頃からひきこもりになり、五年が経ちました。何とかできないかと手を尽くしましたが、今では家族ですら顔を合わせることがほとんどない状況です。一度、視てもらえませんか？」

と言う。その声からほんのり、禍々しい匂いを感じたので、最短で日程を調整し、駆けつけることにした。

その家のそばには、古い大きな霊園があった。その障りもあったのだろうか、予想どおり、その土地は呪われていた。

そこで土地の障りを鎮め、子どもがひきこもっている部屋の窓の外から霊気をぶつけるなどの対処を施した。部屋の中が浄化されたと感じたタイミングで除霊を終えたのだが、この時はかなりの時間を要した。

数日後、子どもが本当に久しぶりにふっと部屋から出てきたそうで、依頼者から、

「今、コンビニに行っているんです」

という電話を受けた時は、私もホッとした。ひきこもり始めた時点で引っ越しをすれば、こういうことにはならなかったのに、とは思ったのだが。

マイナスの土地というのは、徐々に人間の精気を抜いていくので、立ち去るタイミングが早ければ早いほど、影響を受けないものだ。

風邪をひいた時に早めに薬を飲んだほうが、症状が悪化しないのと同じだ。

☆「代々、開業医の家系」で起きたこと

こんな相談もあった。

その家庭は、父親が医者だったのだが、中学生になった娘がひきこもってしまっていた。彼女は成績がよかったそうなのだが、「娘には絶対に医学部に行かせたい」と、両親で「もっと勉強しろ」と追い立て、その結果、気力を失い、勉強も手につかなくなってしまった。

ところが、その姿を見て母親は、なんと、

「勉強もしないし、言うことも聞かない。この子は心の病気になったに違いない」

と、精神科の病院へ連れていき、そのまま入院させてしまったのだ。

このことが決定打となり、坂道をころげ落ちるように、悪化の一途をたどることになった。娘は精神科に入退院を繰り返すようになった。それというのも、体を売り、不特定多数の男性の家に入り浸《びた》るようになったからだ。その度に両親は、彼女を入院

させていたようだ。

そうこうしているうちに、娘は婦人科系の病気にかかり、子どもが産めない体になり、自室にこもりきりになってしまった。

途方に暮れた両親から、私に声がかかったというわけだ。

「私たちのせいで、娘はボロボロになってしまったのだと思います。どうしたらいいでしょう？」

と。


このケースでも、土地が障っていた。

というのも、この家庭は代々開業医で、住居のすぐそばに病院があった。

規模の大きな病院ほど、人の生死に直面することになる。

「自分の病が治らなかったのは、あの医者のせいだ」

と、怨みを買うことも少なくない。

そこで、先に紹介した例と同様に土地を鎮め、窓の外から、霊気をぶつけるアプローチを行なった。

すると、その後、娘さんは徐々に部屋から出てくるようになり、今では買い物には行けるようになったそうだ。

「どんな投薬より、一番効いた」と両親は喜んでいた。

病院のこともあり、家族揃っての引っ越しは難しかったと思うが、早い段階で娘さんだけでも一人暮らしさせればよかったのに、と感じた事例だった。

「呪われた土地」の清め方

さて、除霊の依頼があった際、依頼者には引っ越しをすすめるものの、それを選択できない場合、「土地を鎮めている」と書いてきた。

こう書くと盛り塩や日本酒、水などを用いる方法をイメージされる方も多いだろうが、筆者のやり方は違う。

「盛り塩」は、除湿程度のものだと思っているし、お酒が嫌いだった人の霊にお酒を捧げても喜ばない。

「土地が障る」といっても、対処法は同じではないのだ。

土地を鎮めるには、「その土地に憑いている霊が好きそうなもの、喜びそうなものを捧げる」ことが基本だ。

筆者の場合、亡くなった人の時代、年代、性別、職業などが全部視えるので、何をあげるべきかが瞬時に割り出せる。

そして、電話等で依頼者と話しながら霊視するよりも、その場所へ出向いたほうが正確にその霊が好きなものは何かをわり出すことができる。

たとえば、その土地に女性の霊が憑いているとすると、その女性の霊が、桃が好きなのか、柿が好きなのか、それとも栗が好きなのかコンタクトを取る。そして栗が好きそうなら「栗ご飯を炊いて」と、家主に頼むのだ。

飲み物でも、お茶が好きなのか、甘酒が好きなのか、抹茶が好きなのかを聞き出す。「抹茶が好き」と言われれば、抹茶を用意してもらう。

また用意する食べ物の数も、その土地の状況で変わる。同じおにぎりにしても、一体しか霊がいなければ一人前、たくさんいたら十個置いて……などとする。

その土地に飢え死にした農民がいそうだなと感じたら、ご飯をお供《そな》えしてもらう。

そこの土地に公家《くげ》のお屋敷が広がっていたのなら、落雁《らくがん》を埋めてあげる。

清酒ではなく、どぶろくを好むのは侍《さむらい》の霊だ。女性や子どもの霊なら、おはぎを供えればほとんど間違いない。

倒れそうにお腹が空いている時に、落雁をもらってもうれしくないと思わないだろうか。

人も霊も美味《おい》しいもの、好物を食べたいと思うことは同じだ。相手の好み、死に際に抱いた気持ちに応える食べ物を準備すれば、怨みや心残りも消えていきやすいのだ。

☆「障っている原因の霊」が喜ぶものを供える

ただ、誰もが喜ぶものはある。

オールマイティーに効くのは、鏡、ガラス玉でもイミテーションの宝石でも、とにかくキラキラしたもの、そして昔の霊であれば炊いたお米だろう。

一般的に喜ばれるのは、米と味噌汁とお漬物の三点セットだ。干物も喜ばれる。

ちなみに、お稲荷《いなり》さんに油揚げをあげる人がいるが、筆者は狐《きつね》の霊は見たことがない。

もし、動物の霊に何か供えたいならフライドチキンをお供えするといいだろう。

というのも、油揚げは動物が好む肉の代用品だからだ。

井戸が障りの原因であるケースもあるが、その時に、

「龍神様がいらっしゃいますから、卵を供えるといいんですよね」

と言われることがある。

しかし、龍神が障りの原因というケースはそこまでない。

井戸が怖いのは、そこが殺害現場、死体遺棄現場ということが多いからだ。間引いた赤ちゃんを捨てた、だとか。

だから、こちらも米と味噌汁とお漬物の三点セットのほうが喜ばれることが多い。

では、なぜ、そんなことがわかるのか。除霊の仕事で、井戸に何体もの死体が折り重なっているビジョンが視えたことが、何度もあったからだ。

Column
心霊写真――「本当にヤバい霊」の場合

昔、友人から、
「撮影で熊野古道《くまのこどう》に行ったら、心霊写真のようなものが撮れた」
と、相談を受けたことがある。

熊野三山を詣《もう》でるルートである熊野古道は、古代から中世にかけて篤《あつ》く信仰され、貴族から庶民までこぞって参詣《さんけい》した道なのだが、古くからある道だからこそ十分注意が必要だ。

まず、**霊的なもの、この世ならざるものを見ても、決して反応してはいけない**。

筆者は日常茶飯事のように霊体を目にするが、必ず見て見ぬフリをする。二度見でもしようものなら、彼らは「気付いてもらえた！」、もしくは「何をしにきたんだ」と、必ずすり寄ってくる。

と言いつつも、筆者は幼い頃、

「あんなところに女の人がいる」

などと、母親に耳打ちしたことが何度かあった。その度に母から、「絶対に視える
だなんて人に言ってはいけない」とキツく口止めされてきた。

「エキセントリックに見られるからかな？」と当時は納得していたが、今にして思え
ば、「霊体を視て反応するな」ということだったのだろう。

なぜなら、筆者の霊能力は、完全に母方の遺伝子を受け継いだものだからだ。

加えて、**心霊スポット的な場所では、霊にまつわる話をすることもタブー**だ。

「三回、回ったら、幽霊が出るんだってー！」

「怖い‼　今、何か黒いモノが見えた」

などとキャイキャイ言いながら肝試しに興じる若者もいるようだが、こうした場合
「呼ばれた」と、出てくる霊もいる。私からしたら自殺行為にしか見えない。

ちなみに、心霊写真が写ってしまった場合、怨念が強いと、顔のようなものが浮き

出ることが多い。

そうした場合、放っておいても問題はない。むしろ、放っておいたほうがいい。

「お焚《た》き上げは必要ないの？」と思う人がいるかもしれない。

しかし、写真に写った不可思議なものが霊体だった場合、ソレは確実に動く。

前述の友人からも、

「今度デジカメを持ってくるから、一度写真を視てよ。もしマズいものだったら、除霊してほしい」

などと言われたが、何日か経って電話口で

「絶対に一里塚のあたりに、人間の顔がくっきり写っていたのに、エスパーに見せようと思ってデータを開いたら、顔がないんだよ！」

と、興奮ぎみにまくしたてられたことがある。

「それ、心霊写真によくある現象だよ。キミが撮ったのは、確かに霊体だったんだね。動くし、時間が経つと消えるんだよ」

と話すと、心底驚いていた。

また、こんな経験をしたことがある。

あるテレビ番組のロケで、世田谷の豪徳寺に行った時のこと。井伊《いい》家の菩提《ぼだい》寺で、井伊直弼《なおすけ》のお墓があることで有名なお寺だが、慰霊碑をポラロイドカメラで撮影したら、ぼんやりと首のようなものが写っていたのだ。

幕末の大老だった井伊直弼は、勅許《ちょっきょ》を待たずに日米修好通商条約に調印したことなどに反発した水戸派や攘夷《じょうい》浪士を弾圧し（安政の大獄）、一八六〇年に桜田門外で水戸・薩摩浪士らに斬殺《ざんさつ》された。

以降、幕府は政局の主導権を奪われてしまうわけだが、志半ばでの死は、さぞや無念であっただろう。

ポラロイドカメラに写っていたのは、かなりリアルな首だった。これを放映すれば呪いが拡散する恐れもあり、かなり危険だと判断して、番組には使わなかった。

その写真に写っていた顔は、井伊直弼の肖像画と見比べると、もう少し細面だった。肖像画から血が抜けたような感じの顔に写っていたので、亡くなった時の顔なのかな、と思ったのを覚えている。

ちなみに、「本当にヤバい霊」「強烈に祟っている霊」は、写真には写らない。撮ろうとしてもカメラのシャッターがおりないのだ。

テレビ局のロケで心霊スポットを巡っていて、シャッターがおりないケースは極めて多い。もしシャッターを切ることができたとしても、真っ黒になって写っている。

人間に干渉してくるほど強い霊は、写真には写らないのだ。

4章

「呪いの言葉」をかけられないために

――「言霊」はどこまで有効なのか

「精気」を抜く言葉、入れる言葉

呪術とは、不可思議な方法で他人に災いをもたらす行為のことだ。

人によっては「言葉」の持つ力、いわゆる**「言霊《ことだま》」**によって呪いをかけたり、かけられたりするケースもあるだろう。

しかし、ごく普通の人が話す言葉については、さほど力はないと筆者は思っている。

結婚式のスピーチで「切れる」「割れる」などのフレーズを使うこと、試験を控えている人に「すべる」「落ちる」と言うことは避けるといった「忌《い》み言葉」はある。

しかし、その言葉を使ったために事態がマイナスの方向に動くとも思えない。

ただ、死期が近づいてきた人に対しては、注意したほうがいい言葉、言ってはいけない言葉が存在する。

まず、注意すべき言葉は、**「あの世」**である。

筆者の仕事の中に、末期癌の方に霊力を注入するというものがある。エネルギーを注入することで延命を図るのだ。これまで何十人もの末期癌を患う人たちを視てきたが、死相が出始めてくると必ず、みな判で押したように「あの世って、あるんですか?」と聞いてくる。

「孫や子どもが○○歳になるまでは死ねない」といった願いを持つ人は、かなり頑張ることができる。しかし、「あの世」という単語を口に出し始めると、「その時がきたか」と思ってしまう。人間も動物だから、自分の死期が本能的にわかるのだろう。

筆者の父親は外科医だったのだが、霊的なものや死後の世界を全く信じない人だった。しかし、死ぬ一年ほど前に、ぼそっと、

「最近、あの世のことを考えるんだよなー」

とつぶやいていた。非常に驚いたのを鮮明に覚えている。柄《がら》にもなく、殊勝《しゅしょう》なことを言うなと思っていたら、それから一年経たずして亡くなった。

もし、読者が病を患っていても、こうした言葉は、たとえ頭によぎったとしても、できるだけ口に出さないでほしい。

口に出してしまうと、それこそ言霊が発動して、後戻りできなくなる。

ある意味で、**自らに呪いをかけてしまうような結果**になってしまうのだ。

もし、自分が入院をしていて、「この先、長くはないかな」と感じたとしても、

「退院したら、カニが食べたいな」
「早く体をよくして、家の片付けをしなくちゃ」

というような、**未来を感じさせる、前向きな発言**をすることだ。

自分のことを鼓舞する発言は、どんどんしていいと思う。

✪「後ろ向きな話」は一種の呪いになる

もし、一緒に暮らしている家族や病気療養中の友人などが、

「あと何年、生きられるかなあ」

などと言い出したら、

「五十年ぐらいに決まっている」

「冬になったら、カニを食べに行くんでしょ」

「長岡の花火、来年だったら絶対に見に行けるから、それまで頑張りましょうよ」

など、**未来に希望を与える、ポジティブな言葉を発する**ようにしてほしい。テレビでも食べ物でもイベントでもいいから、前向きな話をするのだ。

死と直結しないまでも、自分で自分に呪いをかけてしまっているケースは意外に多い。たとえば、筆者と同年代の人たちはそろそろ定年を迎えるのだが、冗談まじりに、

「オレの人生、終わった」

とボヤく声をよく聞く。

ここで、「あとは死ぬだけ、年金でどう暮らそうか」などと思ってしまうと、本当

にそうなってしまう。自分に手枷《てかせ》、足枷をかけるなど、生きる上でなんのメリットもない。そうではなく、

「空いた時間で、やりたかったことを全部するぞ」
「可愛いおねえちゃんとお知り合いになれないかな」

と、ちょっと能天気ぎみな言葉を口にしていると、不思議と前向きな気持ちになる。するとし、そのエネルギーに呼応するかのように、なぜか全部がいい方向に運んでしまうものだ。

受験生に、「勉強しないと落ちるわよ」ではなく「合格したいんでしょ?」という言葉をかけたほうが、本人がやる気になるのと同じだ。

✪ 呪うほうも、呪われるほうも不幸

一方で、病気療養中の義理の両親や配偶者に対して、

「とっとと、この忌まわしい人間関係を断ち切りたい！」

と悩んでいる人が多いのも事実だ。

筆者の事務所にも、

「あの姑にさっさと死んでほしい」

「夫をこっそり始末できる方法はないか」

などという物騒《ぶっそう》な相談に訪れる人もいる。

少なくない女性たちが、

「同居の義理の両親に、もう早く逝《い》ってほしい。お金もないのに長生きするわ、徘徊《はいかい》するわで、本当に困っている。夫は全く協力してくれないし、子どもの教育にも悪い。私一人でつらい思いをしていて、本当にウンザリです。早くこの苦労を終わらせてほしい」

と不満をぶちまけ、義理の両親のアンラッキーカラーや、アンラッキー食材などを聞いて帰るのだ。

自分の親の介護でも大変なのに、義理の両親を一人で見るとなれば、きれいごとではいかないはずだ。心中は、お察しできる。

こうした相談では、お金があるならば、義理の親を施設に入れることを第一に考えてほしいと諭《さと》すようにしている。**呪うほうも、呪われるほうも不幸**だからだ。

「呪い」が成就し、ようやく見送ることができたのに、

「私、呪われませんか？」

などと、その後、思い悩む相談者もいる。

「亡くなった方は、あなたに感謝していますよ」

と伝えても、こうしたケースでは、どうしてもわだかまりは残るようだ。

「身内からの呪い」の解き方

「嫉妬」の念は、呪いに転化しやすいと前述した。

そして、実は自分と近い場所にいる人から発せられた「嫉妬の感情」や、「相手を自分の支配下に置いてやろうという念のこもった言葉」は、強い呪いになる。


たとえば、**子どもを呪縛している親**は少なくない。

「お前は本当にダメなヤツだ」

「あなたのためを思って言っているのよ」

といった言葉などは、たいていの場合、子どもにとっては呪詛となる。

「毒親《どくおや》」という言葉は今やすっかり定着したが、子どもを精神的に追いつめる言葉を投げつけ、虐《しいた》げる行為を繰り返す親の心の奥には「子どもに対する嫉妬心」があるという。

毒親本人は絶対に首を縦にふらないだろうが、彼らは、「自分よりも子どもが幸せになることが許せない」のだ。

もし、読者が未成年であれば、たとえ自分の親が呪いをかけてきても、逃げ出すわけにもいかないだろう。**相手の術中に落ちないよう、気を強く持つ**しかない。

しかし、成人しているなら、思い切って親との関係を絶つほうがいいと思う。

「そうは言っても親なのだし」と逡巡《しゅんじゅん》する気持ちもわからなくはない。が、「呪い」の言葉を投げつけてくるような存在に、自分の心を殺してまでつきあう必要はないと筆者は思っている。

☆兄弟間の「呪いの掛け合い」

兄弟間の「呪いの掛け合い」もよく見る。

子どもの頃は仲がよくても、結婚をきっかけに配偶者の影響で人格が変わったようになり、棘《とげ》のある言葉で攻撃されるようになったという相談を受けることもある。

兄弟に対して嫉妬心が芽生え始めたら、あるいは兄弟に嫉妬されていると感じたら、少し距離を置くことをおすすめする。

もう後戻りできないほどに関係がこじれているのなら、一時的にでも縁を切ったほうがいい。「兄弟は他人の始まり」という言葉もあるくらいだから、賢い割り切りも必要だ。接点がなければ、雑音も入ってくることはない。

「なんて薄情な」と思われるかもしれないが、みんなにいい顔をした結果、自分の人生が相手の呪いによって壊されても、誰も責任はとってくれない。

「夫婦共働き」で注意したいこと

この「身近な呪い」は、夫婦間でも発生する。

芸能界の夫婦を見ていると、本当にわかりやすいと思う。

たとえば、木村拓哉さんと結婚した工藤静香さんは、結婚後、ほとんどメディアに登場しなくなった。お子さんが成長した今は、たまに芸能ニュースなどで見かけるが、テレビ番組に出演することは、めったにない。

この行為は、褒《ほ》められると思う。もし、テレビに出続けていたら、今より確実にマイナスだったはずだ。それは、ファンからの妬みを受けることはもちろん、夫が嫉妬しないとも限らないからだ。

最近結婚した大物芸能人たちを見ても、奥さんが家庭に入りバックアップに回ったカップルは、ほとんどがうまくいっている。そうすることで、「嫉妬」という呪いを受けにくくなるからだ。


この場合の**嫉妬の主は、ファンや一般人ではなく、ズバリ「夫」**だ。

言葉には決して出さないだろうが、自分より妻が活躍していると、男はどうしても嫉妬するものだ。「ジェンダー平等を実現しよう」などといかに啓蒙《けいもう》されても、それは深いところに根ざした男の本能なのだから、そう簡単に解決できる話ではない。

誰に知られていなくても、夫側としては、一円、十円でも、妻よりも多く稼ぎたいものだ。

特に夫婦が同業者ほど、嫉妬は強まるだろう。最近は夫婦共働きが増えてきているようだが、女性たちは男たちのこうした心理に鈍感にならないようにしてほしい。

ただ、男性側が「嫉妬のコントロールが上手」で、自分が〝一歩引くこと〟にも、やぶさかでないと思うのであれば、うまくいくこともある。

たとえば、ある知名度の高い女性国会議員の旦那さんの名刺には「○○○○○の夫」と書いてあるそうだが、そこまで割り切れる男性は偉いと思う。

もし、女性の読者で、「結婚しても自分のキャリアはあきらめたくない」という人であれば、こんな感じに嫉妬心の制御ができる男性を選べば、呪いを受けることもなく、うまくいく可能性も上がるかもしれない。

「好きなものは好き」「自分は自分」を貫く

筆者自身のことを振り返ってみると、「毒親」とまではいかないが、父親からの抑圧は強かったように思う。

勉強ができる子は「いい子」、勉強ができない子は「何を考えているか、わからない子」だった父親にとっては、筆者のようにそんなに勉強が得意ではなかった息子は得体の知れない存在だったのだろう。

趣味で軍事関連の本を読んでいると、

「そんな本ばかり読んでいるから勉強ができないんだ」

と、よく叱られたりもした。

しかし、そうした本を読んでいたおかげで軍事専門雑誌の編集部で働くことができたし、その後は、自分の特性に気付いて霊能者への道に進むこともできた。

筆者の場合、親からの「～すべき」という呪いをはじいてきたわけだ。親にネガティブなことを言われても、「好きなものは好き」だと、無視すればいいのだ。**自分の心の声を無視して、他人の価値観で生きることほど、空《むな》しいことはない**のだから。

運気は、自分でいくらでも強くできる、と信じてほしい。

✪プチ成功者の「よかれと思って」ほどタチが悪い

成功した人生を送っていて、人の生き方を認めないタイプの親は、子どもを自分の思ったとおりに動かそうとし、「～すべき」の呪いで縛り付けがちだ。

逆に言えば、相手を言葉で縛らない、呪いをかけなければ、周りとの関係もよくなる。

もし、「子どもや部下がどうも反抗的で言うことを聞かない」「いちいち反発してくる」と思っているのなら、自分が相手に呪いをかけていないか、振り返ってみてほしい。自分が思いのほか、相手を縛り付けようとしていたことに気付けるかもしれない。

筆者の事務所に相談に訪れる人の中にも、似たような悩みを抱えている人がいる。

「私は、お母さんみたいにいい学校も出ていないし、ブスだから」

なんて自己を卑下《ひげ》する女性は、やはり両親にそう言われて育っているのだ。そんな時は、その呪いの言葉を徹底的に打ち消すようにしている。

「あなたは確かに今は太っているけれど、痩《や》せてごらん。きれいな顔だちをしているのだから、メイクをきっちりすれば、見違えると思う。自信を持ちなさいよ」

と。そして、親との距離のとり方、ネガティブな言葉や念のはじき方、運気を上げる方法を指南する。

すると、女性たちは本当に見違えるように変わっていく。ある女性は、最初の相談から何カ月か経って、別件で相談の依頼が来た。暗い雰囲気がなくなり、驚くほど可愛らしい女性になって現われた。そして、

「先生に言われたとおりにしたら、ナンパされちゃいました。それで、好きな人について相談したいんですけど……」

とのことだった。明るい表情で、こちらまでうれしかったのが印象に残っている。

とにかく、言葉で縛り付けられているのなら、言葉で打ち消す。一番強いのが、自分が発する言葉だ。たとえば、ＤＶをする男とつきあっていたとする。

「お前みたいなブスで性格に難のあるヤツは、オレみたいのとしか、つきあえないんだよ」

などと言われても、鏡の前に立ち、

「そんなことはない。私は美人だ。性格も彼にとっては難があるように見えるだけ。相性が悪いだけ。いつか別れてやる」

と、言い換える。

そもそもそんな男性からはさっさと逃げたほうがいいのだが、すぐに行動に移せないなら、まずは言葉にする。それも鏡を見ながらすれば、効果的だろう。

呪いに似た「洗脳」を解く方法

仕事でもそうだ。いわゆるブラック企業と呼ばれるような職場で言い聞かされていることは、ほとんどが**呪いに似た洗脳**だ。

「お前みたいな人間は、うち以外では雇ってもらえない」

「こんな仕事しかできないんだから、夜中まで働け」

「やりがいがある場所で働けているだけで幸せだろう」

こんな言葉を言ってくる上司がいるなら、間違いなくブラック企業だ。そんな会社にいても人生には何のプラスにもならないのだから、一刻も早く逃げ出すことだ。

こうした洗脳を打ち消す時に、絶対的に必要となるのが、**自分の中の価値観やビジョンを強くすること**だ。

「でも……」といまいち自身の持てない人は、

「すぐに実力をつけて、こんな会社辞めてやる」

と口に出して言ってみてほしい。

「人が何を言おうが、私は私」

これを通していたら、呪いなどやって来ないし、強力に呪縛しようとする相手の念も自然とはじけるものだ。

生霊——名前を言い当てれば除霊できる？

以前、ある相談者から、

「私に生霊が憑いていませんか？　生霊が憑いた場合、生霊を発した人の名前を言い当てたら、はね返ると聞いたことがありますが、本当ですか？」

と聞かれたことがある。

キリスト教圏で知られる悪魔祓い師「エクソシスト」は、悪魔に取り憑かれた人から悪魔を追い出す際、その悪魔の名前を聞き出さないといけない、という決まりがあるそうだ。

この相談者もそれを知って「生霊をはじくには名前を言い当てる必要があるか」と聞いたのだろう。しかし、筆者の経験からいって、名前と除霊が結びつくことはほとんどないと思っている。

　そもそも生霊を飛ばすには、相当な霊能力が必要だ。そんな人物が何らかの念を飛ばし、生霊として憑いたとして、名前を告げられる程度ではビクともしないだろう。

✪「いいニックネーム」で呼んでもらう効果

　逆に、名前を告げることには、相手のエネルギーを強くする力があると思う。たとえば、あなたが接客業をしているとして、胸元につけている名札を見たお客さんから「小林さん、ちょっとお伺いしたいのですが」などと名前で呼びかけられたら、うれしくならないだろうか。

　名前を呼んであげることは、相手にエネルギーを与えているのと同じなのだ。

　本名はもちろんだが、重視したいのは、**愛称**だ。

　独自の愛称で呼ばれることで、その人のエネルギーは確実に増していく。

　筆者は霊能の仕事をする際、「エスパー・小林」という通称を使っているが、初対面の方からも「エスパー」と呼びかけられる。この愛称は、筆者の霊能者としてのパワーを増大させ、キャラクターを明確にしてくれるようで気に入っている。

芸能人でも、愛称で呼ばれるようになると一流だなと感じる。昭和の名俳優はほとんどが愛称で呼ばれていた。古くは嵐寛寿郎《あらしかんじゅうろう》の「アラカン」、勝新太郎の「かつしん」、阪東妻三郎の「ばんつま」、時代を作る人は、なぜか名前を縮めて呼ばれている。木村拓哉の「キムタク」もそうだ。

また、石原裕次郎の「裕ちゃん」、高倉健の「健さん」もそう。このように呼ばれたら一流といえる。

もし、あなたが自分のエネルギーを高めたいのなら、「こう呼ばれると元気が出てくる」と思える愛称を考えて、「○○って呼んでね」と、周知するのも一つの手だろう。

最初のうちは違和感があるかもしれないが、慣れてくるにつれ、エネルギーの高まりを感じると思う。

「何気ない投稿」が邪まな何かを生む時

さて、いまやSNS上には「呪い」が渦巻いている。有用な情報を得たいと検索していたつもりが、いつの間にかマウンティングやバトルを目にしていた、という経験がないだろうか。

ここまで書いてきたとおり、呪いは人のネガティブな念から生まれるもの。だから、自分が誰なのかバレる心配もなく本音（誹謗中傷《ひぼうちゅうしょう》）を語れる場に呪いが渦巻くのは、当然といえるのかもしれない。

私の知人で癌を患い、SNSを一時中止していた、という人がいる。命に別状はなかったものの、続く闘病生活の中、つい最近まで一緒に遊んでいた人

たちの、

「テーマパークに行ってきた」

「記念日に美味しいものを食べた」

「子どもの成長を目の当たりにした」

といった幸せそうな投稿を見る度に、心が蝕まれたという。そして、抑えようとしても、「負の感情」がどうしても湧き上がってきてしまったのだという。


大好きな人たちを妬んでしまう自分に嫌気がさし、気付けばSNSのアプリを削除し、誰とも連絡を取らなかったそうだ。


このやり方は**「呪いの自家中毒」**にならないための妙案だ。嫉妬で押しつぶされてしまいそうなら、この知人のように一時的にでもSNSから離れるのが一番だ。

「友人たちに悪気がないのは知っている。でも、幸せそうな投稿を見ると、つい当てつけかと思ってしまった」

のだそうだ。そんな自分の思いを押し殺してSNSを見続けていては、不幸しか生まれないだろう。

✪「旅行に行ってきました」だけで妬みを買うことも

一方で、投稿する側も、**旅行や食事の様子、プレゼントなどの写真を更新しただけで、妬みを買うかもしれない**、という危険性は知っておくことだ。

同年輩の知人と雑談した時のこと。共通の知り合いの話題になった時に、「アイツ、いつも自慢気に食いもんの写真ばかりあげて。女みたいだよな」と、吐き捨てるように言っているのを聞いてギョッとしたことがある。

相手をライバル視しているのか、相手を妬んでいるのか、詳しいことは知らないが、ポジティブな出来事や発言も、人によってはネガティブに受け取められてしまうのがSNSの怖さである。

もちろんSNSは、使い方によってはいいコミュニケーションツールにもなる。筆者はつながっている人たちへ誕生日のメッセージを送ることがあるが、たった一言だけでも、とても喜んでもらえたりする。

「気にかけてもらえている」

「覚えてもらっていた」

と感じるのは、誰しもうれしいものだ。

また、**褒められて嫌な気持ちになる人間はいない**だろうから、本当に上手い、すごいと感じたものや人は、積極的に褒めるといいだろう。すると、向こうもこちらに関心を持ってくれる。共通の友人がいれば、つないでくれることもあるだろう。

ＳＮＳは使いようだ。

怨みを買うことも、人間関係を深めることもできる。新しい人間関係も築ける。「怨みが渦巻く場」となるか、「プラスのエネルギーが交換される場」となるかは、やり方次第だろう。あくまでも「道具」なのだから。

✪「心の解毒」はこまめに行なう

ところで、見ず知らずの人が相手だと、途端《とたん》に攻撃的になる人がいる。

読者の中にも、街中でいきなり罵倒《ばとう》された経験がある人がいるかもしれない。女性であればセクハラ・メールを受けたことがある人もいるだろうし、もしかしたら、加害の経験がある読者もいるかもしれない。

自分が「毒されている」と感じたら、その場を離れること。スマートフォンやパソコンをまる一日見ないだけでも、心が解毒されるはずだ。特に、SNSの書き込みに時間の大半を費やしている人は、スマートフォンやパソコンの電源を落とすことだ。

人を嫉妬する、バッシングをする——これは自分を呪っているに等しい。

人に対して辛辣《しんらつ》な人、攻撃的な人は、たいてい、人生がうまくいかないものだ。思い当たる人は、スマートフォンを持たずに自然の中を歩くなどするといい。できれば三日ほどパソコンから離れる、SNSをのぞかない、見ないのが一番だ。それだけでも、停滞していた運気は次第にアップしてくるはずだ。

テレビ画面から流れてくる「社会的な呪い」

「見ないのが一番」といえば、テレビもその一つだろう。

近年では、テレビなど見なくても、インターネットにつながっていれば、いつでも欲しい最新ニュースが得られる。テレビドラマなど見なくても日常生活にはなんの支障もないし、流行《はや》りの芸能人を知らなくても、世界は回っていく。

にもかかわらず、一日中テレビをつけっ放しにして精神的に疲弊している人を何人も知っている。特にコロナにまつわる報道は不安をいたずらに煽るばかりで、筆者は**「社会的な呪い」**と呼んでいたほどだ。

✪不安と怒りだけが支配する場

　ある時、妻がつけていたワイドショーの報道があまりにも酷かったので、知り合いのテレビマンにクレームをつけたことがある。

「あの報道、社会的不安を煽りすぎじゃないか？　社会の動きを全部封じるようなことを言わせて、いつかしっぺ返しをくらうよ」

　と。すると、

「自分もそう思う。言いたいことはわかるよ。でも、自分もサラリーマンだから。プロデューサーが右って言ったら、右にならざるを得ない。左と言われたら、左なんだよ」

　と、反論された。

　ぶっちゃけた話をすると、誰かを叩けば叩くほど、不安や怒りの感情を煽れば煽るほど、数字（視聴率）が取れるそうだ。そして、彼らにとって数字は「評価」そのものらしい。

ただ、そのために地上波を見なくなった、という人は明らかに増加している。

筆者に言わせれば自業自得だろう。「呪い返し」のようなものだ。

若い人ほど、事件が起きればテレビを見ないでネットを検索するし、筆者はテレビをつけたとしてもBSだ。BSのニュースは、まだ中立な報道をしていると思う。

そして、娯楽としてドラマなどの映像を見たい時は、お金を払ってでもサブスクリプション・サービスを利用している。周りを見ても、そういう人は明らかに増えている。

Column

「由来がありそうなもの」を破壊してはいけない理由

この本を執筆するにあたって、これまで関わってきた様々な呪いにまつわる除霊のエピソードを思い出しているのだが、こんな恐ろしい呪いもあった。

ある旧家の庭にあった巨石にまつわる話である。

場所は関東のとある地方。その土地の大庄屋の末裔《まつえい》の女性が、「結婚問題について相談したい」と、筆者の事務所を訪ねてきたことがある。聞くと女性の父親の兄弟は、男女合わせて十人いるそうなのだが、ほとんどの家に子どもがいないのだという。子どもがいたとしても、何らかの障碍《しょうがい》を持っているという。

唯一、この女性の家は二人姉弟で、女性も弟も特に気になる点はないとのこと。た

だ、

「私たち、無事に結婚できるでしょうか。また、生まれてくる子どもはどうなりそうですか？」

と言うのである。

実は、予約の電話を受けた瞬間に、「あ、これはヤバい案件だ」と瞬間的に頭をよぎった。祟りの匂いを感じたからだ。

声の響きとか、そういうことではなく、ピンとくるものがあるのだ。「あのー」という声を聞いた瞬間、独特な雰囲気、空気感が漂ってくるとでも言おうか。

対面して相談に乗るにあたり、まずは住んでいる場所を確認することがほとんどだ。彼女もそうだが、今住んでいる住所、昔住んでいた住所、実家の住所と順に聞いていくと、だいたいが、

「そこ、ヤバいよ。そこにいた時、家族はこういう状況だったでしょう？」

という会話になる。脳裏に画像が現われ始めるのだ。

この女性もうっすらと自分たちが置かれている状況に勘付いていたようで、恐る恐

る聞いてきた。

「あの……うちの家系、祟られていますよね？」

と。ただ霊視をしてみると、幸いにもこの女性は結婚も出産もスムーズにいくようだった。

ただ、父親の実家が最悪だった。そこで、

「この家に、ご神体みたいな石がありませんでしたか？」

と聞いたところ、その女性の顔がみるみるうちに曇っていく。

「どんなものが視えますか？」

と言うので、

「お団子を半分に切ったような石が、広い敷地内にある。この石の周りには、しめ縄がされてあって、貢《みつ》ぎものをしている姿が見える。ただ、この石を、こんな人が叩き壊して、ばらまいているんだよね」

と、話を進めると、女性は完全に黙り込んでしまった。そして、ポツリとつぶやいた。

「その石、私のひぃお祖父《じい》さんが壊しました」

なんでも、この巨石は、この庄屋宅の守り神、ご神体だったそうだ。先祖代々、丁《てい》寧《ねい》に祀っていたこと、その土地一帯がとても肥沃《ひよく》だったこともあり、毎年のように豊作で、豊かに暮らしていたそうだ。

しかし時代が明治に移り、廃仏毀釈《はいぶつきしやく》の波が押し寄せると、当時の当主が、

「こんなものは、邪魔だ」

と、そのご神体の石を叩き割って粉砕し、その辺りにばらまいてしまったというのだ。

それからというもの、この家ではトラブルに次々と見舞われ、田畑はほとんど手放すことになってしまったそうだ。今は猫の額《ひたい》くらいしか残っておらず、跡継ぎにも恵まれないという。

筆者の霊視では、この石は確実に庄屋宅の守り神のようなものだった。それを壊してゴミのようにばらまいたのだから、不運に見舞われるのも当然だ。

とはいえ、粉砕してしまったので、復活させようがない。この時ばかりは、手の施

しようもないくらい、障りが強かった。

ただこの女性は、結婚して姓を変えれば、その後は祟りの障りはなさそうだった。弟さんも、その土地から離れられればセーフだと視えた。

「ただ、父方の実家には近づかないほうがいい。引っ張られてしまうよ」

とだけ、助言した。

こうしたケースのように、「呪いがかかっている家」に生まれ育っても、女性でも男性でも早々に結婚をして姓を変えてしまえば問題はない。姓を変えることに抵抗があるなら、ペンネームのようなものを使ってもいい。

また、県をまたぐほどその土地から離れてしまえば、怨念が憑いてくることもない。

別の事例も紹介しよう。地元の有力者なのに、

「うちの代で家系も途絶えてしまうかもしれない」

と話している人によくよく聞くと、「世が世なら……」といった家が少なくない。

私の友人にも、そんな家系に生まれた人がいる。

彼は、「世が世ならお殿様」という生まれなのだが、職業は心霊系のライターをしている。

昔は広大な土地などを所有していたそうなのだが、相続や法律の問題で、どんどん切り売りされ、今では往時の二十分の一ほどの広さしかないのだとか。

この狭くなった土地をめぐって親族の争いが起きているそうで、彼はそれが嫌で、東京に出てきたというわけだ。

ただ、そのおかげで彼は生きながらえている部分もある。

さらに面白いもので、全く霊感がないにもかかわらず、心霊系の本を書いているので、怖い思いもたくさんしているようだ。

ある時、「具合が悪い」と言うのでお見舞いにいったら、「人食いバクテリアに感染した」と聞かされた。

海外旅行などしていないにもかかわらず、だ。一時は医者が、

「ああ、これはもうダメだ」

とポツリと言うのを聞いてしまったそうなのだが、奇跡的に完治し、今は日常生活

を取り戻している。

運が悪いのか、運が強いのか、とにかくそんな男だ。

彼は、私の意見を参考にしたかどうかは不明だが、自宅の部屋に除湿器を置いているそうだ。一方で、心霊スポットばかりに行っているからか、年がら年中、体の調子が悪く、入退院を繰り返していたりもする。

かかりつけの病院から「そろそろAさん、入院してもいいんじゃない？」と、冗談まじりに電話が来るほどだそうだ。

診察を受けている時に、「これ、何で生きてるんだろう」と言われたこともあるのだとか。その彼が、筆者が緊急入院した時に、お見舞いに来てくれた。

「飯がまずい」

と愚痴ったら、

「そういう時はね、小林さん。ふりかけとね、酢を持って行くんだ。酢を入れると味が変わって食べられるよ」

と言われた。「この人、どれだけのピンチを乗り越えてきたのだろう、深いな」と感じたものだ。

5章　運気を守る「祓い」のアクション

——ちょっとした呪いは自分で解ける

「負の感情」を増大させない

「人を呪わば穴二つ」という言葉がある。

他者に呪いをかけ、たとえ殺すことができたとしても、自分にも同等の呪いが返ってくる。結果、墓穴《ぼけつ》が二つできる、という意味の言葉だ。

私はこの言葉について、一概には言えないとは思っている。人を呪いながら、ピンピンしている人を知っているからだ。

その一方で、「的を射ているな」とも思っている。というのも、**相手の命まで奪うほど人を呪うには、霊感がある人でも相当なパワーが必要**だからだ。つまり自分の体にも相当の負担がくることは覚悟しなければならない。

これを霊感がない人がするとなれば、「人を呪う」というマイナスのエネルギーが無駄に放出されて、恐らく周囲の人たちから避けられるようになるだろう。

「なかなか呪いが効かない」

「なぜ、こんなに呪っているのに、アイツは幸せそうなんだ」

と、精神的にも追い込まれるのは必至だ。

✪「誰かの不幸を願う気持ち」は自分を汚す

そもそも、他人の失敗を願う人で、幸せそうな人を見たことがない。

実際のところ、人の不幸を願うとは、**自ら不幸に浸《つ》かりに行っているようなものなのだ。**

私の事務所にもたまに、「あの人を呪ってほしい」という依頼があるが、**「あなたが呪いをかけたい人は、放っておいても自滅するよ」**とアドバイスするケースがほとんどだ。

「その人、放っておいたら落ちていくよ。周りとも似たようなトラブルを起こしているはずだから、気がついたらその人、消えてるよ」

と言うと、たいていの人が溜飲《りゅういん》を下げて納得する。

自己中で傍若無人《ぼうじゃくぶじん》、ウソつきで卑怯《ひきょう》な輩《やから》が身近にいた時、

「自分が何とかしないと」

と、正義感からなのか食い下がる人もたまにいるが、

「あなたの手を汚す必要はないのになあ」

と、いつも思う。


呪いたい人がいても、「この人、今後、気の毒なことになるんだろうな」と思っておけばいい。その相手にエネルギーを使うよりも、そうした環境から少し離れ、**「自分のこと」に集中する、「自分の人生」を楽しく充実させることに専念する**ほうが有意義だ。

もう一度、繰り返す。

あなたに「呪いたい」という相手がいて、その思いに正当性があれば、相手は勝手に自滅してくれる。

✪ムカつく相手ほど逆に「お祝い」する

逆にムカつく相手、呪ってやりたい相手ほど**「祝ってしまう」**という方法もある。

気に食わないと感じている相手に対しては、人間性がどうとか性格が気にくわないといったことは横においておき、その人の「行動の結果」だけに反応するようにすると、割とうまくいく。

たとえば、自分が担当したかったプロジェクトのメンバーにライバルが抜擢《ばってき》されて、成功をおさめたとする。嫉妬心がメラッと燃え上がったとしても、あえて、

「やったね！　よかった！」

と、喜んでみせるのだ。

「悔しい、なんでアイツが」と思ったとしても、「今度お祝い会をしよう」などと言ってみる。悪態をつくよりも、自分の状況は好転するはずだし、その相手とも意外と仲よくなれるかもしれない。

あるいは部署内の独身女性メンバーの一人が結婚したとする。

思うところがあったとしても、「裏切った」だとか、「金欠だから結婚式、呼ばないでね」といった言葉をかけるのではなく、

「よかったねー。独身最後、みんなで飲もう」

などと言っておいたほうが、相手もやさしい気持ちになれるし、「いい人がいたら紹介しよう」という気にもなってくれるはずだ。


筆者は、ある飲み会に定期的に参加しているが、メンバーは成功者ばかりである。

だから、私が、「今度、新刊を出すんです」などと言っても妬まれることなどない。

「すごいですね！」

「何冊買ったらいい？」

などと言われる。本当に祝ってもらえていると感じるとうれしいものだし、こちらも何かしてあげたくなるものだ。

成功者から「人の不幸は蜜の味」といった言葉を聞いたことがない。多くの人が「人が幸せなのを見るのはうれしい」と言っているのだ。

「運気をプラスに動かす」習慣

人と人が接するほど、関わる人数が増えるほど、嫉妬や邪念が生まれやすくなり、呪いが発生する頻度《ひんど》は確実に高くなる。

では、「運気が停滞して負の感情に取り込まれそう」「自分は呪いを受けている」と思ったら、どうしたらいいのだろうか。

まずは、「どうも最近、おかしい」と感じたら、**「いつもと違うアクションを起こす」**ことだ。

休日、家にひきこもっているならショッピング街へ。ショッピング街に行くことが多いのなら、公園や図書館へ。いつも近所のファストファッション店で洋服を購入しているなら、同じ店でも銀座などの商業地まで足を延ばしてみるのもいいだろう。

こうしたアクションを繰り返すことで、運気は確実にいい方向に変わっていくはずだ。

平日でも、通勤ルートを変えてみる、いつもは通らない道を歩いてみる。一駅手前の駅で降りて、その分、歩いてみるなどもおすすめだ。

普段、自分が着ている服のパターンを変えてみるのもいいだろう。

女性であれば、いつもスカートをはいているなら、ズボンをはく。いつも黒い服を着ているのなら、赤い服を身に着ける。休日、ラフな格好で過ごす人なら、ネクタイをしてジャケットを羽織ってどこかに出かけてみるとか。

一瞬、「誰だかわからない」くらい、これまでの自分の外見を変えてしまうのだ。

すると意外に、マイナスの状態から抜け出すことができたりする。

意外に効くのが、食に関することだ。いつもは朝食にパンを食べているのなら、ご飯にしてみるなど、生活のリズムを変えてみる。

呪いの念が「あれ？　自分が呪っているのは、この人だったっけ？」と、戸惑わせるイメージでやってほしい。

✪何はともあれ「自分をいたわる」

拙著『エスパー・小林の「運」がつく人「霊」が憑《つ》く人』（三笠書房《王様文庫》）に詳しく述べているが、**「眼鏡、時計、鞄、靴などを変える」**のは、停滞した運気を上向かせるのに、特に効き目が抜群だ。

普段、トートバッグを使っている人が「最近、いいことがないなあ」と感じているなら、ショルダーバッグにする。ほとんどパンプスしかはかない人なら、スニーカーをはいてみる。

とにかくメイクでも、シャンプーでも、洗顔料でも、枕カバー、シーツ、カーテン、髪型、何でも変えてみるのだ。

肌着、下着を全部ラッキーカラーで揃えるのもいいだろう。『「運」がつく人「霊」が憑《つ》く人』では、生年別のラッキーカラーを割り出すことができるので、ぜひ参考にしてみてほしい。

とにかく、調子が悪いままにしておかず、**自分を「いい方向」へ変えてやるアクシ**

ョンを起こすことが肝心だ。

そして、**「自分を大切にする、自分をいたわる、自分を喜ばせる」**こと。

自分が何を望んでいるのか、自分の「心の声」を聴くのは、とても気持ちがいい。そして、そうした晴れやかでポジティブな気分は、呪いを寄せ付けない。

最近、自分の〝推《お》し〟を応援する「推し活」なる言葉が流行っているが、これなどは呪いをはじき返すのに最も有効だろう。

ちなみに、筆者も「自分を喜ばせる」ことを実践している。

最近、いい時計を購入したと前述したが、かなり奮発して買ったので、最初のうちは「分不相応《ぶんふそうおう》かな」と感じていた。しかし、徐々に自分になじんできているし、運気がさらに好転してきているようにも感じる。そうなると、前向きにもなれ、運がますます循環していくのだ。

読者も、誰に遠慮することもなく、存分に自分をいたわり、喜ばせることだ。それが自分の運気を守ることにつながるのだから。

✪「精気」をこまめに補う

さらに個人的な怨み・つらみを受けている相手の予想がつく場合は、前述したが、その相手に近寄らない、目を合わさないこと。サラリーマンであれば、**「休暇を取って旅行に出かける」**のも一つの手だろう。

とにかく、その場から一旦、離れてほしい。私が**「転職」**をすすめるのも、その状況から離れられるからだ。

しかし、それも難しいのなら、1章でも紹介した、**「鏡を使った呪い返し」**（54ページ参照）のような方法がある。

また、ぜひ**「生花を部屋に置く」**ことを実践してほしい。花のある生活は癒されるということもあるが、花は精気を出してくれるので、マイナスを祓ってくれる。

部屋を除湿しすぎると植物は枯れてしまうが、その場合は花をたくさん飾ればいい。

ちなみに花であれば、値段は関係ない。ホームセンターに百円程度で売られている、根付きの花でもいいだろう。

もし、あなたや家族の誰かが呪いを受けていたら、花はすぐに枯れるはずだ。すぐに枯れるようであれば、かざる花の量を増やす。枯れなくなってきたらセーフである。**花は、奪われている自分の精気をプラスにしてくれるエナジードリンクのようなものと考えてほしい。**

邪気を一瞬で祓う「映画」「音楽」「古典落語」

「大きな声で歌う」ことも、「悪い念が集まってきているかも？」と感じた時に行なうといいアクションの一つだ。「意識」がスパッと切り替わるからだ。

「笑える映画、泣ける映画を観る」のも、邪気を祓い、気分を一新させるのにおすすめだ。

母親の介護などで家中がバタバタしていた時に筆者が一番よく観たのが、周防正行《すおまさゆき》監督、本木雅弘《もときまさひろ》主演のコメディ映画『シコふんじゃった。』だ。

チャップリンの映画もよく観た。あれだけ笑わせて、最後にはグッと胸を締め付けてくるのだから、彼の映画作りのセンスは流石《さすが》だと感心しきりだ。感動して心が動かされることは、心に不思議な浄化作用がもたらされる。

「古典落語を聴く」のもいい。筆者は車で仕事、特にお祓いに行く時には、古典落語を一番よく聞いている。

昔の名人、三代目古今亭志《ここんていし》ん朝《ちょう》や七代目立川談志《たてかわだんし》の落語を聞いていると、人間というものの本質がクッキリと浮かび上がってくるようで、「本当の話芸」だなと感じるし、ある種、人生勉強にもなる。

もちろん、**「好きな音楽を聴く」「好きなアーティストのMVを鑑賞する」**のもよい。筆者は、イギリスのロックバンド、レッド・ツェッペリンの曲も、よく流している。昔はビートルズやディープ・パープルが好きだったのだが、このバンドの曲を聴くようになってから、金運が格段に上がったからだ。

読者も、「この曲を聴いていたら、いいことがあった」「気分が前向きになる」ということがないか、思い返してほしい。

そして、自分の運気をプラスに動かすために、それらの曲を存分に活用することだ。

基本的に、「自分の好きなこと」を存分にしている人は、他人からの呪いなどは寄せ付けない。

「自分のやりたいこと」を前向きに楽しんでいる人の運気は、必然的に上向くことになっているのだ。

マイナスが祓える最強「ヌン活」スポット

今、気軽にパワーチャージができると、女性たちの間で「ヌン活」というものが流行っているそうだ。

ヌン活とは、簡単にいうと**「アフタヌーンティーを楽しむ活動」**だそうで、高級ホテルをはじめとする「ちょっといいティータイム」を演出してくれるスポットが女性たちの間で人気なのだという。

こうした行動は、運気アップも手助けしてくれる。

前述したとおり、自分の心や体をいたわる行動は自身のエネルギーを高めることにつながり、結果、呪いをはじき返してくれるからだ。

この「ヌン活」をするのにおすすめのスポットだが、自分が「好きだ」「居心地がいい」と感じた場所なら、どこでも運気を上げてくれるだろう。

逆にいくら評判がいいお店でも、「気まずかった」「のんびりできなかった」と感じたのなら、おすすめはしない。

✪「皇居の周り」のホテルはポジティブな気が充満

さて、万人にとって「ヌン活」をするのにいい場所だと筆者が感じるのは、ずばり**「帝国ホテル東京」**（東京都千代田区内幸町一 - 一 - 一）だ。

そもそも、帝国ホテル東京は、東京でも有数のパワースポットだ。皇居の目の前という立地が「間違いがない」というのはもちろん、帝国ホテルのあった場所には、元々、鹿鳴館《ろくめいかん》があったことが大きい。

近くにある東京宝塚劇場や日生劇場、帝国劇場などもパワーが得られるスポットだ。皇居はもちろん、近くの日比谷公園も、散策することでエネルギーがチャージされるパワースポットである。

ちなみに、基本的に皇居の周りにあるホテルは、いずれもポジティブなエネルギーに満ちている。

・**ホテルニューオータニ**（東京都千代田区紀尾井町四・一）
・**ザ・ペニンシュラ東京**（東京都千代田区有楽町一・八・一）
・**アマン東京**（東京都千代田区大手町一・五・六）
・**パレスホテル東京**（東京都千代田区丸の内一・一・一）
・**フォーシーズンズホテル丸の内東京**（東京都千代田区丸の内一・十一・一）
・**星のや東京**（東京都千代田区大手町一・九・一）

など、いずれもいい。

他にも、

・**マンダリンオリエンタル東京**（東京都中央区日本橋室町二・一・一）
・**山の上ホテル**（東京都千代田区神田駿河台一・一）

・シェラトン都ホテル東京（東京都港区白金台一・一・五十）

などもよさそうだ。

逆に、あまりおすすめしたくない立地としては、海や川のそばに建つホテルだ。いくら景色がよくて「オーシャンビュー」を謳《うた》っていても、私は水辺や埋立地にあるホテルには極力近づかない。湿気は負のエネルギーを増幅させるからだ。

特に、東京湾は関東大震災や東京大空襲などで多くの人が命を落とし、死体がそのまま沈んでいるといわれている。

せっかくそれなりの金額を出して時間を使うのなら、ポジティブなエネルギーを確実にチャージしてくれる場所のほうがうんといい。

☆ここまで「確実なパワスポ」はない。その場所とは――

このように書くと「地方にはそうしたホテルがないのか」と聞かれそうだが、確実にある。

しかし、「ヌン活」ができるかと聞かれると、立地はよくてもサービスを提供していないホテルもあるだろう。

しかし、**全国各地、どの都道府県にも必ずあり、確実にパワーが充塡《じゅうてん》できる場所**がある。

ズバリ、**温泉**だ。

温泉には、地中から湧き出るエネルギーがたっぷりと含まれている。

私は霊力を上げるために、「修行は温泉でする」という信条でこれまでやってきたのだが、それは温泉がプラスのエネルギーで満たされているからにほかならない。そう、修行などしなくても、温泉に入るだけでエネルギーがチャージされ、人によっては霊力もアップするのだ。取り入れない手はない。

「水場」という意味では、海や川と同じではないかと言われそうだが、性質が全く違う。

ネガティブなエネルギーが溶け込みやすい川や海に対し、温泉には大地のパワーが常に溶け込み続けている。たとえネガティブなエネルギーが入り込んだとしても、すぐに昇華されてしまう。

筆者がパワースポットとしてあまり温泉地をピックアップしないのは、「わかりきっている場所」だからだ。

コロナ禍で温泉地が大打撃を受けているというが、それでも「コロナの騒動が落ち着いたら温泉でゆっくりしたい」と思っている人の数は非常に多い。

「温泉＝癒される」という感性は、日本人のＤＮＡにしっかり組み込まれているのかもしれないなと、折にふれ思う。

いつでも身につけたい「魔除けアイテム」

筆者の元には、様々な世代の相談者が訪れる。

特に悲痛な声を上げるのが、四十代の人たちだ。彼らは会社だと年齢的に管理職に就《つ》く頃なのだが、

「私たちが新入社員の頃はバブルも崩壊し、パワハラが横行しているような状況でした。でも、自分たちがいざ管理職になってみると、少し注意しただけでも若い社員はメンタルをやられてしまうし、下手をすると訴えられる。上司からの締め付けもキツイけど、部下も扱いづらい」

とボヤく。中には、

「どうにもならない部下を辞めさせる、おまじない的な方法はありませんか？」

などと聞いてくる人もいる。

先にも書いたとおり、人を呪うにはそれなりの霊能力が必要になる。そして、そもそも人を自分の思ったとおりに操《あやつ》れるなどとは思わないほうがいい。

そこで伝授するのが、「運気アップの方法」というわけだ。

自分のことであれば、いかようにも運気を動かしていくことはできるし、自分の運気が強くなれば、相手との関係も自《おの》ずと変わってくるものだからだ。

✪真珠、ダイヤは女性の「守り神」

その相談者は、スーパーに勤務する女性だった。

「上司と反《そ》りが合わなくて、クビを切られそうです。でも上司以外との人間関係はうまくいっていますし、何よりこの仕事がなくなると生活ができなくなります。上司をなんとかできないでしょうか」

といった内容の相談だったのだが、こういう場合、割り切りも必要だ。人間には相性というものがあるし、上司が必ずしも人格者であるわけではない。「お金を稼ぐ」

という目的のために、賢く立ち回るのも処世の一つだ。

この相談者には、まず気持ちの切り替え方を教え、彼女に合うツキを呼ぶ様々な方法やアイテムを教えた。

女性の場合、ほとんどの人が、ダイヤ、水晶のような透明な石、あるいは真珠を身につけると運気が上がる。これらの宝石はマイナスのエネルギーをよけてくれるので、ネックレスなど、肌につけるようおすすめしている。職業的に難しければ、内ポケットに入れるなど持ち歩くだけでもいい。

ちなみに、色合いや輝き、光の反射が重要になるので、イミテーションであっても、さほど関係がない。面白いのは、お金を持っている人ほど、特に女性はキラキラしたものを持ちたがるものだ。身の回りをキラキラさせるアイテムこそ邪気を「祓う」ことを本能的に知っているのでは、とすら思う。

件《くだん》の相談者の女性に、この「光るアイテム」を身につけるよう助言すると、

「では、パンツに縫い付けます」

と、本当にビーズ状のものを購入し、縫い付けたそうだ。

すると、上司に嫌味を言われる頻度が激減したそうで、今でも元気に勤務している。

✪マイケル・ジャクソンの「銀色の手袋」

キラキラ系のものは、男性にも有効だ。

古今東西、権力者は光をよく反射するものを身につけたり、身の回りに置いたりするが、あれは魔除けの意味もあるのだと思う。

上の立場になればなるほど、強いマイナスのエネルギーも集まってくるものだ。

「その立ち位置に自分が取って代わりたい」

「アイツばかり、いい思いをしやがって」

という羨望や強い嫉妬を受けるからだ。

昔であれば、権力者の都合で戦いに駆り出され、命を落とすこともあっただろう。

そうなれば怨みのエネルギーは厖大《ぼうだい》なものになる。そうした強烈な念をはじくためにも、光を放つもので身を守る必要があったのだと思う。

日本でも絹の着物や金糸を使った織物など、権力者の持ち物は光沢がある。これらにも、魔除けの効力があるのだ。

マイケル・ジャクソンが一時期、銀色の手袋をしていたが、あれも完全に魔除けだ。あそこまで有名人になると、受ける妬みやそねみなどのエネルギーも半端がない。だから、彼も負けじとキラキラ系のものをできる限り身につけていたのだろう。

以上のことからも理解いただけると思うが、茶色や黒など色つきのパワーストーンは、あまりおすすめできない。パワーストーンのブレスレットをズラーっと、いくつもつけてくる相談者がいるが、彼らにも、

「イミテーションでもいいから、ダイヤや水晶のほうがいいよ」

と、伝えている。

実際、そちらに変えたら運気が上がった、という声も多い。

「箔づけ」よりも「真の実力」を

筆者は、相談者のために「言うべきこと」は忖度《そんたく》なしにズバッと伝えている。読者も、この本からその雰囲気を感じ取ってもらっていると思うが、

「エスパーって、けっこう怨みを買ってない？」

と感じる人もいるかもしれない。

しかし、繰り返しになるが、自分を強く持ってさえいれば、足を引っ張られるようなマイナスの影響は受けないものだ。たとえば、

「小林さん、本をたくさん出されていて、いいですよねー。雑誌の連載も羨ましいなあ」

などと、ねっとりと言われることもある。しかし、そんな相手にも、謙遜《けんそん》したりは

せず、

「実力だから。あなたも、腕を上げて実力をつければできるよ。そうしたら?」

と返している。相手にしたら〝ムカつく〟言い方だろう。しかし、妬んでくるような人には、あえてこのようにピシャッと言い切るようにしている。そう言えるだけの努力を緊張感を持ってしているし、日々、鍛錬《たんれん》もしているからだ。

「教養を深める」ほど嫉妬の渦に巻き込まれなくなる

また、**知識や教養を深める**ことも、呪いをはじく一つの手段だ。

「出張で、海外にたくさん行けて、羨ましい」

このように言われて「妬みを受けているな」と感じたら、さらに語学力を磨く。

「でも、まだまだだから、英会話教室のコマ数を増やしたんだ」

なんて返すと、相手も何も言わなくなることだろう。自分に実力をつけると、それだけ自信になるし、エネルギーも高まっていくのだ。

もし、あなたが誰かを羨んでいて、心が苦しいのなら、その相手に追いつき、そして追い越せるよう努力してほしい。

「箔《はく》をつけたい」程度の的外れの努力ではなく、**「真の実力」をつける努力**をする。

何しろ時間は無限ではないのだから。

また、その努力とは勉強や資格を目指すといったことだけに限らず、容姿を磨くといったことでもいいと思う。

たとえば、彼氏や彼女に浮気をされて傷心中ということであれば、肌のケアに命をかけたり、腹筋を六つに割ったりしてみてはどうだろう。レシピ本を買って、料理を片っ端から作ってみるのもいいだろう。

このようにテーマを決めて打ち込むことは、相手を怨んでウジウジしているより、はるかに建設的で、運気も回復しやすい。

理不尽な扱いをされ、怨みを晴らしたいという思いを抱いていたとしても、数年間、怨み・つらみで費やしてしまうほうが、もったいないのだから。

☆その「努力」は決して無駄にならない

筆者自身、若い頃、仕事がなくて暇な時代は、なんとか霊能力を磨こうと、時間のほとんどを霊感を上げるために費やしていた。その努力は無駄にならなかったと思う。何より「これだけやってきたのだから」という自信にもなっている。

そういえば、駆け出しの頃、アラスカに行ったことがある。

1章でも述べた、「人柱の怨念」（25ページ参照）と対峙するにあたり、オーロラを浴びておこうと思ったからだ。

オーロラは電磁波のかたまりなので、浴びると霊能力が高まると言われている。

霊感のある人がオーロラを浴びると「百メートルを十六秒で走れていた人が、十三秒で走れるようになる」といったイメージだ。

ただし、オーロラを浴びれば、除霊ができるほどの能力がつくということはないので、その点は誤解しないでほしい。

その頃の筆者は「霊感」には自信があったが、「除霊」は経験不足だったので、藁にもすがる思いでアラスカまで出かけたのだ。

この件について霊感の強い友人に事前に話をした時、一言、

「それをやったら、お前、死ぬんじゃない？　やめたほうがいいよ」

と、言われていたこともある。

実際、この時、オーロラを浴びておいて本当によかったと思ったものだ。

エネルギーが「自動で充填される」場所

少し前まで、私はインターネットや雑誌、書籍など、様々な媒体でパワースポットを紹介していたのだが、今は控えめにしている。

あまり書くと、盗用されるからだ。知人から、

「エスパーの言っていたパワースポットがテレビに出ているよ」

という連絡をもらい、テレビをつけると、まるまる盗用されていたことがあった。

出し惜しみするわけではないが、一言断ってくれればいいのにと思う。

そんな筆者だが、コロナ禍でも、パワースポット巡りは継続して行なっていた。

ちなみにコロナ前とコロナ後で、パワースポットのエネルギーは全く変わっていいな

い。そして、パワースポットは、温泉のようなものだなとつくづく思う。そして、温泉でも五分入るのと、十分浸かるのとでは、温まり方が違うように、パワースポットでのんびりと過ごすと、たっぷりエネルギーを充塡できる。

パワースポットでは、特に「パワーが強い」と感じる場所にミネラル・ウォーターや花の種をしばらく置いておくといい。帰宅してから、その水を飲んだり、種を花壇にまいたりすれば、パワースポットのパワーを家にいながらお裾分《すそわ》けしてもらえる。

パワースポットにある小石を拾い、きれいに洗って枕の下に入れておくのもいい。

何よりいいのは、パワースポットへ行くと、ちょっとした呪いであれば、祓えてしまえることだ。呪いの障りがあまりにも酷いと、そもそもパワースポットにたどり着けないので、その地にたどり着けたということは、すでにクリーンである、禍々しいものは憑いていない、という証《あかし》だ。

✪「原始のパワー」が温存されている地

さて、筆者がパワースポットとして今、最も注目しているのは**奈良県**だ。

奈良県はどの場所を切り取ってもパワースポットという、特異な県だ。

平城京跡のある奈良市はもちろん、桜井市にある原始のパワーが残る**三輪山**《みわやま》付近や、藤原鎌足公《ふじわらのかまたり》が祀られる**談山神社**《たんざんじんじゃ》、明日香村の**石舞台古墳**、橿原市《かしはらし》にある神武天皇を祀る**橿原神宮**、役小角など修験者たちの伝説が多く残る**吉野**など、並外れたパワーがビンビン伝わってくる場所が数多くある。

こうした地は、交通の便はあまりよくないが、だからこそ「原始のパワーが守られている」ともいえるのだろう。

他には、和歌山県と三重県にまたがる**熊野古道**のあたりもいいパワースポットだなと思っている。中でも、熊野本宮大社旧社地**「大斎原」**《おおゆのはら》は、地図を眺めていても並々ならぬパワーを感じる。

熊野本宮大社もそうだが、「元々あった場所」のほうが、パワーが強かったという社寺は多い。**元伊勢**《もといせ》（天照大御神《あまてらすおおみかみ》が伊勢の地にたどり着く前、一時的に鎮座《ちんざ》した場所のこと）にも、パワーの強い場所がありそうだ。

やはり古来、人がわざわざ詣でている場所にはエネルギーを感じる。人々が何らかのパワーを確実に感じていた土地だからだ。

そういう意味では、有名無名を問わず、**雨乞い伝説のある山**も一種のパワースポットだろうと思っている。

✪「霊力のない人のお祓い」より「地元のパワスポ巡り」

有名なパワースポットではなくても、自分にとって「気持ちがいいな」と感じる場所を見つけたら、それはその場所と自分との相性がよいということだ。そんなところがあるのなら、毎日行ってもいいと思う。

筆者の知り合いで、お受験のコンサルタントをしている人がいる。毎年クライアントのお受験があるので、散歩がてら、毎朝パワースポットに行って、手を合わせているようだ。

お受験の現場も、呪い的なドロドロしたものが渦巻く場である。

そして「結果が全て」の世界だから、その知り合いは毎年、大変なストレスを抱えているのだろうなと思う。それでも腕がいいので、依頼人の九割以上は納得のいく学校へ入学させているそうだ。

人の強い念と向き合わねばならない職業に就いている人たちは特に、こまめなパワースポット巡りをおすすめする。

パワースポットとは言われないものの、「運気のよさそうな場所」を訪れることも、パワスポ巡りの一種といえるだろう。何度も書くが、買い物は、百貨店など「ワンランク上のお店」に行く。そして同じものを買うのなら、「いい場所」で買う。そうしたことを常に意識してほしい。

激安店を否定しているわけではないし、そうした店を利用しているからといって運気が下がるわけではない。

しかし、月に二回くらいでも、

「バーゲンの時期になったから、銀座をブラブラしてみよう」

「帰りに、百貨店の地下をのぞいてみよう」

などと意識的にしていると、気持ちにも余裕ができるし、不思議とラッキーなことが起こってくると思う。

ちなみに「呪いを受けている」と感じた時に、お祓いや、八方除《はっぽうよ》けなどをすすめる人がいるが、筆者は効果に疑問をいだいている。もちろん、全く効果がないとは言い切れないだろうが、神社やお寺でお祓いをしてもらっても、うまくいかなかったという人は大勢いる。

霊力もない人のお祓いよりも、地元のパワースポットを巡ったほうが、よほど運気は上がると感じる。

新一万円札は「最強の護符」になる⁉

「ある有名人の写真を携帯電話の待ち受け画面に設定にすると運気が上がる」という噂を、定期的に耳にすることがある。

私は運気のいい人の名刺を常に財布に入れて携帯し、運気を上げているが、それの簡易版だろう。

パワースポットや運気のいい人を携帯電話の待ち受け画面に設定する方法は、積極的に取り入れたい運気アップ術だ。

ただ、話題の有名人を待ち受け画面に設定する行為は、逆にエネルギーを吸い取られてしまうことがあるから要注意だ。「運気のヴァンパイア」は確実に存在する。

見極め方は、その人の周囲を見ることだ。周りの人たちも運気が上がっている、という人なら問題はない。その逆であれば、あなたのエネルギーも吸われかねない。また、一見、運気がよさそうに見えても、実は精神的にも経済的にも、綱渡りのように仕事をしている人もいるので注意が必要だ。

渋沢栄一を携帯の待ち受け画面にする効果

同じ待ち受け画面にするのなら、歴史的人物をおすすめする。評価が固まっているからだ。たとえば、新しい紙幣の「顔」となる人物はおすすめだ。

中でも、一万円札の**渋沢栄一**はいい。

元々農民だった彼がみるみるうちに出世を果たし、最終的には日本の「資本主義の父」と呼ばれるまで上り詰めるという姿は、NHK大河ドラマ『青天を衝《つ》け』でも紹介されたが、彼ほど運気の波に乗った人物はそうそういない。

関わった企業は、今日に至っても業界トップクラスの名だたる老舗《しにせ》や大企業ばかりだ。その数は、五百を越すという。

ちなみに帝国ホテルの初代会長は、渋沢栄一だ。

彼は子宝にも恵まれ、九十一歳まで生き、天寿を全うした。

そういう意味では、福沢諭吉より何倍もいい。

ちなみに、埼玉県深谷《ふかや》市にある**渋沢栄一の生家（旧渋沢邸「中の家《なかんち》」）も大変なパワースポット**だ。実は、筆者は何度か訪れている。

五千円札の**津田梅子**も運気的にいい。病気で亡くなってはいるが、日本における女子教育のパイオニアであり、「女子英学塾」（現在の津田塾大学）を創立した彼女の経歴も華やかだ。

千円札の**北里柴三郎《きたざとしばさぶろう》**も七十八歳まで生きた人物だ。ペスト菌を発見し、「近代日本医学の父」と称される彼は、ノーベル賞をとってもおかしくなかった。子孫も多く残している。

そういう意味でも、今回のお札の人選を、筆者は大いに歓迎している。

新札が発行されたらすぐ、旧札とチェンジしたいとまで思っているほどだ。

Column
「末代まで祟ってやる!」の真実

サスペンスドラマなどで、登場人物が、

「末代まで祟ってやる!!」

なんていうセリフを放って死ぬシーンが出てくると、「おっ」と思うことがある。

この人物の霊が、もし家に憑いてしまった場合、実際**そこの家系が全滅するまで祟る**可能性は高い。除霊しようにも、簡単には消えてくれないだろう。というのも、同じようなケースに苦心したことが、これまで何度もあったからだ。

ある人の紹介で、田舎の本家筋だという家に除霊に行ったことがある。

この家は、「結婚しても子どもができない。養子をとっても、その養子も子宝に恵まれない」という悩みを抱えていた。

こうしたケースは、呪い系の相談ではよくあることだ。

これまで、先祖代々いろいろな人に視てもらったそうだが、その連鎖を断ち切ることができなかったという。

まずは電話で相談を受けたのだが、すぐにわかった。これは根深いな、と。

霊視をすると、家相は完璧だし、土地も悪くない。しかし、家長の男性は体を壊していて、奥さんはさらに具合が悪いという。

「全身、あちこちが痛いのですが、何をしても痛みが取れません。どこの病院に行っても原因不明だと言われます。とにかくまず、具合が悪いのを何とかしてほしい」

と切実に訴えられた。しかし、住所を聞いた瞬間、

「あっ、お宅ダメだ、これー」

と思わず叫んでしまった。明治か江戸時代くらいに建てられた純和風の豪邸が視えたのだが、〝妖気〟のようなものが立ち込めていたからだ。

さらに深く視ていくと、**母屋の床柱《とこばしら》**（床の間の脇に立てる装飾的な柱）に行き当た

った。霊視を進めると、江戸時代、大庄屋だったこの豪邸の当主にいじめられ、使用人が首を吊って自殺をしていた。そして、その木というのが、まさにその床柱だったのだ。

「床柱、こんな木じゃない？」

と、男性に聞くと、そうだと言う。そこで、

「江戸時代、こういう感じの男の子が、言うことを聞かなかったといって、土蔵に入れられ、ご飯を食べさせてもらえなかった。それがつらくて、首を吊って死んでいるよ。名前はこんな感じ。こういう話、伝わっていませんか？」

と聞くと、黙り込んでしまった。返事をしないので、

「あるの？」

と聞くと、

「あり得ると思います」

という。

どうすれば怨みを鎮められますかと聞かれたので、早々にしてほしいことを伝えた。

「その子は、ただただ、ひもじかったから、お茶碗にてんこ盛りのご飯と具いっぱいの味噌汁、漬物とおはぎを床柱のそばに、十日間、置いてください」

と。さらに、この床柱の木は、家の敷地内、玄関を出て右の方向にあった木を伐採したものだという映像も視えた。家主に聞くと、

「確かに、その辺りに大きな木が何本もあります」

と言うので、そこにも同じものを十日間、置いてほしいとお願いした。それに加えて、その子が好きだった果物を、床柱に一番近い地面に穴を掘って埋めるよう指示した。

すると、寝たきりのようになっていた奥さんが、日常生活ができるまで回復したそうだ。

ただ、そこの家系は、本家筋で唯一の生き残りだそうだが、養子夫婦も年齢が高いので、子どもは望めなさそうだということだった。残念ながら、この本家筋の血筋は絶えてしまうことだろう。

本書は、本文庫のために書き下ろされたものです。

知《し》らずにかけられた呪《のろ》いの解《と》き方《かた》

著者　エスパー・小林（えすぱー・こばやし）

発行者　押鐘太陽

発行所　株式会社三笠書房

〒102-0072 東京都千代田区飯田橋3-3-1

電話　03-5226-5734（営業部）03-5226-5731（編集部）

https://www.mikasashobo.co.jp

印刷　誠宏印刷

製本　ナショナル製本

ISBN978-4-8379-6996-9 C0130

王様文庫

王様文庫

眉間に「第三の眼」を持つ男――エスパー・小林の本

エスパー・小林の「運」がつく人 「霊」が憑《つ》く人

＊「あなたの運をあげてくれる人」の見分け方　＊なぜ、成功者は〝霊感に近い力〟を持っているのか　＊「成仏していない霊」がうようよしている場所とは　＊「ちょっと変だ……」その違和感はたいてい正しい　＊「高級霊」が味方する人とは――「いざ」という時、頼りになる本！

エスパー・小林の「霊」についての100の質問

衝撃の真実、怖すぎる実例……「霊」に関する知りたいことがわかる本。＊なぜ、人は死んだら四十九日間、この世を漂うのか　＊「あの世」の入り口を霊視すると……　＊「虫の知らせ」はどこまで当たる？　……「怨念」と「呪い」の除け方から未来予知、死後の世界の話まで！

エスパー・小林の そうだったのか！「あの世」の真実

光の道、お迎え、成仏、転生…etc.「その時」、人はこうなる！　「天国にいるあの人」とのホットラインのつなげ方　＊「お線香一本」でも気持ちは伝わる　＊「夢枕に立ってもらう」方法　＊死ぬと誰かの「背後霊」になる――「見えない世界」の謎と不思議に迫る！

エスパー・小林の 大予言 すでに見えている未来

今、世界はどのようなシナリオで動いているのか――。米中の戦争は？　首都直下型地震は？　未来の鍵を握るのは誰か、どんな事件か。〝第三の眼〟で見通した未来を伝える本。注目の職業、食料問題、宇宙の覇権、注目すべき投資先――。「迫りくること」への賢い向き合い方！

K40112